前　　言

为帮助广大考生全面理解2024年注册会计师考试大纲和考试辅导教材内容，在有限的复习时间内掌握教材知识和考点，顺利通过考试，中国财经出版传媒集团组织多年从事注册会计师考试辅导的名师、专家编写了"中财传媒版2024年注册会计师全国统一考试辅导系列丛书·注定会赢"。该套丛书紧扣2024年考试大纲和考试教材内容，包括"通关题库""五年真题详解""要点随身记""全真模拟试题"四个系列，涵盖了专业阶段考试的六个科目，即会计、审计、财务成本管理、经济法、税法和公司战略与风险管理。

本书为“要点随身记”系列，该系列是记忆锦囊的口袋书，以要点和表格的形式，总结、提炼教材中的知识点，便于考生利用碎片化时间，随时随地温故知新、高效学习。

中财传媒版“注定会赢”系列注册会计师考试辅导丛书，具有各科知识点全面覆盖、重点难点精准掌握、基础知识稳扎稳打、题目题型针对贴切等特点，与注册会计师全国统一考试辅导教材相得益彰，四个系列图书助力读者不同复习阶段的备考。

希望这套图书能帮助您攻克每一个学习难关，衷心祝愿各位考生顺利通过注册会计师考试。

中财传媒版2024年注册会计师

全国统一考试辅导系列丛书·注定会赢®

会　计

要点随身记

财政部中国财经出版传媒集团　组编

中国财经出版传媒集团

中国财政经济出版社

·北京·

图书在版编目（CIP）数据

会计要点随身记/财政部中国财经出版传媒集团组编. -- 北京：中国财政经济出版社，2024.2
（中财传媒版2024年注册会计师全国统一考试辅导系列丛书. 注定会赢）
ISBN 978-7-5223-2885-0

Ⅰ.①会…　Ⅱ.①财…　Ⅲ.①会计学-资格考试-自学参考资料　Ⅳ.①F230

中国国家版本馆CIP数据核字（2024）第024164号

责任编辑：张若丹　　　　责任校对：张　凡

中国财政经济出版社 出版
URL：http：//www.cfeph.cn
E-mail：cfeph@cfeph.cn

社址：北京市海淀区阜成路甲28号　邮政编码：100142
营销中心电话：010-88191522
天猫网店：中国财政经济出版社旗舰店
网址：https：//zgczjjcbs.tmall.com
固安华明印业有限公司印刷　各地新华书店经销
成品尺寸：100mm×140mm　64开　5.625印张　185 000字
2024年2月第1版　2024年2月河北第1次印刷
定价：28.00元
ISBN 978-7-5223-2885-0
（图书出现印装问题，本社负责调换，电话：010-88190548）
打击盗版举报热线：010-88191661　QQ：2242791300

目　录

第一章　总论

本章要点提示

考情解读

根据历年考情分析，本章只考客观题，分值一般为2分。其中会计信息质量要求和会计要素确认与计量为本章高频考点。

备考指南

本章介绍的是《企业会计准则——基本准则》的相关内容，属于会计基本理论范畴，内容比较抽象，学习时需要与具体业务内容结合进行理解，初学者可以先了解框架，在后续业务核算章节内容学习的过程中，会不断加深对本章内容的理解。

教材变化

本章主要调整了可持续信息披露相关内容的表述。

要点1 会计职业道德

项目	内容
会计人员职业道德的范畴	坚持诚信，守法奉公；坚持准则，守责敬业；坚持学习，守正创新
中国注册会计师职业道德	守则诚信；客观公正；独立性；专业胜任能力和勤勉尽责；保密；良好职业行为

学习心得

要点 2　财务报告目标、会计假设与会计基础

项目	内容
财务报告目标	向财务报告使用者提供与企业财务状况、经营成果和现金流量等有关的会计信息，反映企业管理层受托责任履行情况，有助于财务会计报告使用者作出经济决策
会计基本假设	会计主体：企业会计确认、计量和报告的空间范围。法律主体一般是会计主体，但是会计主体不一定是法律主体
	持续经营：在可以预见的将来，企业将会按当前的规模和状态继续经营下去，不会停业，也不会大规模削减业务
	会计分期：将一个企业持续经营的生产经营活动期间划分为若干连续的、长短相同的期间，分期结算账目和编制财务报表
	货币计量：会计主体在财务会计确认、计量和报告时以货币计量，反映会计主体的财务状况、经营成果和现金流量

续表

项目	内容
会计基础	权责发生制：凡是当期已经实现的收入和已经发生或应当负担的费用，无论款项是否收付，都应当作为当期的收入和费用确认；凡是不属于当期的收入和费用，即使款项已在当期收付，也不应当作为当期的收入和费用。适用于企业会计核算和政府财务会计核算，以及民间非营利组织会计核算
	收付实现制：以收到或支付的现金作为确认收入和费用等的依据。适用于政府预算会计核算

学习心得

要点3 会计信息质量要求

内容	举例
可靠性	不作假账
相关性	资产和负债按照流动性列报
可理解性	附注披露
可比性	会计政策变更的追溯调整法、前期差错更正的追溯重述法、编制合并报表前将子公司会计政策、会计期间调到母公司标准、同一个企业对所有投资性房地产按照同一种计量模式进行计量
实质重于形式	售后回购、收入确认、金融负债与权益工具的区分、金融资产转移、固定资产达到预定可使用状态未办理竣工结算即确认、合并财务报表的编制

续表

内容	举例
重要性	合并报表中抵销内容的选择、中期报告没有必要像年报那样披露详细的附注信息、购入办公用品直接计入管理费用、周转材料摊销的一次转销法、前期不重要的差错不进行追溯重述
谨慎性	资产减值准备的计提、加速折旧法、内部研发项目研究阶段支出计入当期损益、或有事项的处理、递延所得税资产的确认
及时性	不得提前或延后

学习心得

要点④ 会计要素及其确认

会计要素	定义	确认条件
资产	资产是指企业过去的交易或者事项形成的、由企业拥有或者控制的、预期会给企业带来经济利益的资源	(1) 与该资源有关的经济利益很可能流入企业； (2) 该资源的成本或者价值能够可靠地计量
负债	负债是指企业过去的交易或者事项形成的、预期会导致经济利益流出企业的现时义务	(1) 与该义务有关的经济利益很可能流出企业； (2) 未来流出的经济利益的金额能够可靠地计量
所有者权益	所有者权益是指企业资产扣除负债后，由所有者享有的剩余权益。公司的所有者权益又称为股东权益	所有者权益的确认主要依赖于其他会计要素，尤其是资产和负债的确认；所有者权益金额的确定也主要取决于资产和负债的计量

续表

会计要素	定义	确认条件
收入	收入是指企业在日常活动中形成的、会导致所有者权益增加的、与所有者投入资本无关的经济利益的总流入	企业应当在履行了合同中的履约义务，即在客户取得相关商品控制权时确认收入
费用	费用是指企业在日常活动中发生的、会导致所有者权益减少的、与向所有者分配利润无关的经济利益的总流出	费用只有在经济利益很可能流出从而导致企业资产减少或者负债增加，且经济利益的流出额能够可靠计量时才能予以确认
利润	利润是指企业在一定会计期间的经营成果	利润的确认主要依赖于收入和费用以及利得和损失的确认，其金额的确定也主要取决于收入、费用、利得和损失金额的计量

要点⑤ 会计要素的计量属性

计量属性	含义	适用范围
历史成本	资产按照购置时支付的现金或者现金等价物的金额，或者按照购置资产时所付出对价的公允价值计量；负债按照因承担现时义务而实际收到的款项或者资产的金额，或者承担现时义务的合同金额，或者按照日常活动中为偿还负债预期需要支付的现金或者现金等价物的金额计量	一般业务对于资产负债等的计量
重置成本	资产按照现在购买相同或者相似资产所需支付的现金或者现金等价物的金额计量；负债按照现在偿付该项债务所需支付的现金或者现金等价物的金额计量	盘盈存货、盘盈固定资产等
可变现净值	资产按照其正常对外销售所能收到现金或者现金等价物的金额扣减该资产至完工时估计将要发生的成本、估计的销售费用以及相关税费后的金额计量	存货的期末计量

续表

计量属性	含义	适用范围
现值	资产按照预计从其持续使用和最终处置中所产生的未来净现金流入量的折现金额计量；负债按照预计期限内需要偿还的未来净现金流出量的折现金额计量	资产减值、具有融资性质的分期付款购入固定资产、使用权资产、租赁负债、可转换公司债券分拆的负债成分价值等
公允价值	市场参与者在计量日发生的有序交易中，出售一项资产所能收到或者转移一项负债所支付的价格	其他债权投资、交易性金融资产、其他权益工具投资、投资性房地产（公允价值模式）、交易性金融负债、应付职工薪酬（现金结算的股份支付）、衍生工具等

第二章　存货

本章要点提示

考情解读

根据历年考情分析，本章主要考客观题，但可以与债务重组、非货币性资产交换、收入、合并财务报表、差错更正等内容结合考主观题（2023 年和 2021 年均考过主观题），一般为 4 分左右，其中存货成本的确定与期末存货的计量是本章的高频考点。

备考指南

本章介绍了存货的确认、初始计量、发出存货的计量、期末存货的计量，以及存货的清查盘点。学习时要理解好确定存货成本的一般原则，识别出哪些费用需要计入存货成本，能够运用不同方法计算发出存货的成本，熟练掌握存货跌价准备的计提，能够对存货的盘盈和盘亏进行快处理。

教材变化

本章增加了关于确认为存货的数据资产的相关内容。

要点 1 属于存货和不属于存货的项目

项目	是否属于存货
企业接受外来原材料加工制造的代制品和为外单位加工修理的代修品	制造和修理完成验收入库后，视同企业的产成品（辅料和加工费部分视为本企业存货）
已经发货但控制权未转移给购货方的发出商品	属于企业的存货（发出商品）
已经取得商品控制权，但尚未验收入库的在途物资	属于企业的存货（在途物资）
房地产开发企业购入的用于建造商品房的土地使用权和开发的商品房	属于企业的存货（开发成本、开发产品）
合同履约成本	摊销期不超过一年或一个正常营业周期的部分属于企业的存货

续表

项目	是否属于存货
数据资产	企业日常活动中持有、最终目的用于出售的数据资源，符合存货定义和确认条件的，应当确认为存货，否则，不应当确认为存货
备品备件等	通常属于存货（周转材料），符合固定资产定义的（如高价周转件），应当作为固定资产处理
为建造固定资产等各项工程而储备的各种材料	不属于存货，通过“工程物资”核算
支付手续费方式委托代销的商品	由于其控制权未转移至受托方，不属于受托方的存货，依然属于委托方的存货

要点 2 外购存货的成本

项目	内容
买价	不包括按规定可抵扣的增值税进项税额
相关税金	进口关税、进口消费税、不能抵扣的增值税进项税额等
相关费用	运输费、装卸费、保险费、包装费、途中的仓储费、运输途中的合理损耗、入库前的挑选整理费用等。 对于企业通过外购方式取得确认为存货的数据资源，相关费用还包括数据权属鉴证、质量评估、登记结算、安全管理等所发生的其他可归属于存货采购成本的费用

要点3 自行加工存货的成本

项目	内容
采购成本	直接材料成本
加工成本	直接人工
	制造费用：车间管理人员薪酬、折旧费、水电费、车间固定资产修理费、季节性和修理期间的停工损失等间接费用。 对于企业通过数据加工取得确认为存货的数据资源，加工成本还应包括数据采集、脱敏、清洗、标注、整合、分析、可视化等加工成本和使存货达到目前场所和状态所发生的其他支出
其他成本	如可直接认定的产品设计费

要点4 不计入存货成本的费用

项目	会计处理
入库后的仓储费用	不包括在生产过程中为达到下一个生产阶段所必需的费用，在发生时计入当期损益（管理费用）
非正常消耗的直接材料、直接人工和制造费用	如超定额的废品损失，在发生时计入当期损益，管理不善计入管理费用，自然灾害计入营业外支出
企业采购用于广告营销活动的特定商品	向客户预付货款未取得商品时，应作为预付账款进行会计处理，待取得相关商品时计入当期损益（销售费用），企业取得广告营销性质的服务比照该原则进行处理

要点5　发出存货的计量

方法	计算
先进先出法	以先购入的存货应先发出（销售或耗用）这样一种存货实物流转假设为前提，对发出存货进行计价
月末一次加权平均法	(1) 存货单位成本 =（月初存货实际成本 + 本月进货实际成本）÷（月初存货数量 + 本月进货数量） (2) 本月发出存货的成本 = 本月发出存货的数量 × 存货单位成本 (3) 本月月末库存存货成本 = 月末库存存货数量 × 存货单位成本
移动加权平均法	(1) 存货单位成本 =（原有库存存货的实际成本 + 本次进货的实际成本）/（原有库存存货数量 + 本次进货数量） (2) 本次发出存货的成本 = 本次发出存货的数量 × 本次发货前存货的单位成本 (3) 本月月末库存存货成本 = 月末库存存货的数量 × 本月月末存货单位成本
个别计价法	按照购进时的成本作为发出存货的成本

要点 6 期末存货的计量

项目	内容
可变现净值的确定	可以直接出售的产成品存货：估计售价减去估计的销售费用和相关税费后的金额
	需要经过加工的材料或半成品存货：以该材料所生产的产成品的估计售价减去至完工时估计将要发生的成本、销售费用和相关税费后的金额
存货估计售价的确定	有合同：合同数量范围内的按照合同价作为估计售价，超过合同数量范围的部分，按照市场价格作为估计售价
	无合同：按照市场价格作为估计售价
存货减值的情形（下列情形之一）	（1）该存货的市场价格持续下跌，并且在可预见的未来无回升的希望； （2）企业使用该项原材料生产的产品的成本大于产品的销售价格； （3）企业因产品更新换代，原有库存原材料已不适应新产品的需要，而该原材料的市场价格又低于其账面成本； （4）因企业所提供的商品或劳务过时或消费者偏好改变而使市场的需求发生变化，导致市场价格逐渐下跌； （5）其他足以证明已无使用价值和转让价值的存货

续表

项目	内容
存货可变现净值为零的情形（下列情形之一）	（1）已霉烂变质的存货； （2）已过期且无转让价值的存货； （3）生产中已不再需要，并且已无使用价值和转让价值的存货； （4）其他足以证明已无使用价值和转让价值的存货
计提存货跌价准备的方法	（1）企业通常应当按照单个存货项目计提存货跌价准备； （2）对于量多价低的存货，可以按照存货类别计提存货跌价准备； （3）同一地区、类似的存货，可以合并计提
存货跌价准备的会计处理	（1）计提： 借：资产减值损失 　　贷：存货跌价准备 转回则相反。 （2）结转： 借：存货跌价准备 　　贷：主营业务成本等

要点7 存货的清查盘点

清查结果	批准前	批准后
盘盈	借：原材料、库存商品等 　贷：待处理财产损溢	借：待处理财产损溢 　贷：管理费用
盘亏	借：待处理财产损溢 　贷：原材料等 　　应交税费——应交增值税（进项税额转出） 提示 管理不善导致的非正常损失进项税额需要转出，而收发计量差错造成的存货短缺和自然灾害导致的非正常损失进项税额不需要转出	借：管理费用（管理不善、自然损耗、收发计量差错） 　营业外支出（自然灾害等非常原因） 　其他应收款（索赔款） 　贷：待处理财产损溢

第三章　固定资产

本章要点提示

考情解读

根据历年考情分析，本章既可以考客观题，也可以考主观题，可与借款费用、债务重组、非货币性资产交换、资产负债表日后事项、会计差错、所得税以及合并财务报表等内容结合，一般5分左右，其中固定资产成本的确定、固定资产折旧与后续支出是本章的高频考点。

备考指南

本章介绍了固定资产的初始计量、固定资产折旧与后续支出，以及固定资产的处置和清查。学习时要掌握不同取得方式下固定资产成本的构成，掌握固定资产计提折旧的范围，能够运用不同方法计算固定资产折旧金额，熟练掌握固定资产发生资本化后续支出后账面价值的计算以及账务处理，能够对固定资产盘盈和盘亏进行会计处理。

教材变化

本章内容无实质性变化。

要点 1 外购固定资产的初始计量

项目	内容
成本	（1）买价：不包括按规定可抵扣的增值税进项税额； （2）相关税金：关税、契税、耕地占用税、车辆购置税等； （3）相关费用：使固定资产达到预定可使用状态前所发生的可归属于该项资产的运输费、装卸费、安装成本和专业人员服务费等。 提示 员工培训费不计入固定资产的成本，应于发生时计入管理费用
付一笔款项购入多项没有单独标价的固定资产	应当按照各项固定资产的公允价值比例对总成本进行分摊，以确定各单项固定资产成本

续表

项目	内容
分期付款超过正常信用条件具有融资性质购入的固定资产	应当以延期付款额的折现值入账，实际支付的价款与购买价款的现值之间的差额，应当在信用期间内采用实际利率法进行摊销，摊销金额如满足借款费用资本化的条件，应当计入固定资产成本，否则在信用期间内确认为财务费用，计入当期损益。会计分录如下： 借：固定资产或在建工程（现值，相当于本金） 　　未确认融资费用（相当于未来应付利息） 　　贷：长期应付款（相当于未来应付本息合计） 借：长期应付款（相当于分期支付的本息） 　　贷：银行存款 借：财务费用或在建工程（每期确认的利息费用） 　　贷：未确认融资费用

要点2 确定自营工程成本时需注意的问题

1. 建设期间工程物资盘亏、报废及毁损净损失计入工程成本，盘盈则冲减工程成本；完工后的盘盈、盘亏、报废和毁损计入当期损益。

2. 企业将固定资产达到预定可使用状态前或者研发过程中产出的产品或副产品对外销售（试运行销售）的，应当按照收入准则和存货准则等规定，对试运行销售相关的收入和成本分别进行会计处理，计入当期损益，不应将试运行销售相关收入抵销相关成本后的净额冲减固定资产成本或者研发支出。

3. 工程达到预定可使用状态但尚未办理竣工结算，应按暂估价值确认固定资产并计提折旧，办理竣工决算手续后再调整原暂估价值，但不调已计提的折旧。

学习心得

要点③ 高危行业提取安全生产费

项目	内容
提取安全生产费时	借：生产成本（或计入当期损益） 　　贷：专项储备
使用提取的安全生产费用时	（1）属于费用性支出，直接冲减专项储备： 借：专项储备 　　贷：银行存款
	（2）形成固定资产的： 借：在建工程 　　应交税费——应交增值税（进项税额） 　　贷：银行存款 　　　　应付职工薪酬等 借：固定资产 　　贷：在建工程 确认固定资产的同时全额计提折旧，冲减专项储备： 借：专项储备 　　贷：累计折旧

要点4 存在弃置费用的固定资产

项目	内容
预计弃置费用时	借：固定资产（以弃置费的折现值入账） 　贷：预计负债
每期按实际利率计提预计负债的利息费用	借：财务费用 　贷：预计负债
实际发生弃置费用	借：预计负债 　贷：银行存款等

要点5 固定资产折旧

项目	内容
折旧计提的范围	不计提折旧的固定资产包括： （1）已提足折旧仍继续使用的固定资产； （2）提前报废的固定资产； （3）按规定单独作价作为固定资产入账的土地； （4）改扩建期间的固定资产； （5）持有待售的固定资产
折旧计提的时间	当月增加的固定资产，当月不提折旧，从下月起开始计提折旧；当月减少的固定资产，当月照提折旧，从下月起停止计提折旧

续表

项目	内容
折旧计提的方法	（1）年限平均法 年折旧额 =（原值 − 预计净残值）÷ 预计使用年限 （2）双倍余额递减法 年折旧额 = 年初固定资产净值（原值 − 折旧）×2/预计使用年限 （3）年数总和法 年折旧额 =（原值 − 预计净残值）× 尚可使用年限/各年的年数之和
折旧年限、方法等复核	复核的结果与原估计不一致，按照会计估计变更处理

学习心得

要点 6 资本化的后续支出（以改扩建为例）

项目	内容
将固定资产转入改扩建	借：在建工程 　　累计折旧 　　固定资产减值准备 　　贷：固定资产
发生改扩建工程支出	借：在建工程 　　贷：银行存款等
将被替换部分的账面价值扣除	借：银行存款或原材料（残值价值） 　　营业外支出（净损失） 　　贷：在建工程（被替换部分的账面价值） 提示 被替换部分的账面价值＝被替换部分的原值－被替换部分的原值×固定资产整体的折旧进度和减值进度
改扩建工程达到预定可使用状态	借：固定资产 　　贷：在建工程

要点⑦ 固定资产处置（以出售为例）

项目	内容
将固定资产转入清理	借：固定资产清理 　　累计折旧 　　固定资产减值准备 　　贷：固定资产
支付清理费用、土地增值税等	借：固定资产清理 　　贷：银行存款/应交税费——应交土地增值税
取得处置价款	借：银行存款 　　贷：固定资产清理 　　　　应交税费——应交增值税（销项税额）
结转处置净损益	借：固定资产清理 　　贷：资产处置损益或相反

要点 8 存货、固定资产和工程物资盘盈、盘亏对比

项目	盘盈	盘亏
存货	冲管理费用	原材料等（回收残料） 管理费用（管理不善、自然损耗、收发计量差错） 其他应收款（责任人、保险公司赔偿） 营业外支出（自然灾害）
固定资产	以前年度损益调整	其他应收款（责任人、保险公司赔偿） 营业外支出（管理不善、自然灾害）
工程物资	建设期冲在建工程，完工后计入当期损益	建设期间计入在建工程，完工后计入当期损益

第四章　无形资产

本章要点提示

考情解读

根据历年考情分析，本章以客观题为主，也可与投资性房地产、债务重组、非货币性资产交换、企业合并、合并财务报表和差错更正等结合出主观题，一般3分左右，其中无形资产成本的确定和无形资产摊销是本章的高频考点。

备考指南

本章介绍了无形资产的初始计量、内部研发支出的确认与计量、无形资产摊销以及处置。学习时要掌握不同取得方式下无形资产成本的构成，重点掌握内部研发费用的确认与计量（考试时容易与所得税结合出题），熟练掌握无形资产摊销的会计处理，能够对不同方式下处置无形资产进行会计处理。

教材变化

本章新增了企业通过外购方式取得确认为无形资产的数据资源的初始计量以及后续计量内容；企业购买已在进行中的研发项目的会计处理。

要点 1 土地使用权的会计处理

情形	会计处理
一般企业自用	无形资产
已对外出租、资本增值	投资性房地产
房地产开发企业开发商品房	存货（开发成本）
外购房屋建筑物的价款能够按照公允价值比例分摊，分给土地使用权的部分	无形资产
外购房屋建筑物的价款不能够按照公允价值比例分摊	固定资产

要点② 内部研究开发支出的确认和计量

项目	内容
处理原则	研究阶段的支出费用化处理，开发阶段支付如果符合资本化条件，资本化处理，不符合资本化条件，费用化计入当期损益。 企业购买正在进行中的研究开发项目且符合资本化条件的，应确认为无形资产。取得后发生的研究开发支出，应当比照内部研究开发项目支出的规定进行会计处理
开发阶段支出符合资本化的条件	(1) 完成该无形资产以使其能够使用或出售在技术上具有可行性； (2) 具有完成该无形资产并使用或出售的意图； (3) 无形资产产生经济利益的方式，包括能够证明运用该无形资产生产的产品存在市场或无形资产自身存在市场； (4) 有足够的技术、财务资源和其他资源支持，以完成该无形资产的开发，并有能力使用或出售该无形资产； (5) 归属于该无形资产开发阶段的支出能够可靠地计量

续表

项目	内容
账务处理	（1）发生费用化支出： 借：研发支出——费用化支出 　　贷：原材料、应付职工薪酬等 （2）期末转入管理费用： 借：管理费用 　　贷：研发支出——费用化支出 （3）发生资本化支出： 借：研发支出——资本化支出 　　贷：原材料、应付职工薪酬等 （4）无形资产达到预定用途： 借：无形资产 　　贷：研发支出——资本化支出

续表

项目	内容
注意的问题	(1) 如果确实无法区分研究阶段和开发阶段的支出，应当在发生时费用化，计入管理费用； (2) 无形资产达到预定用途前发生的可辨认的无效和初始运作损失、为运行该无形资产发生的培训支出等，不构成无形资产的开发成本； (3) 无形资产达到预定用途后，以前计入当期损益的费用化支出不再进行调整

学习心得

要点 3　无形资产的摊销

项目	会计处理
估计无形资产使用寿命应考虑的主要因素	（1）该资产通常的产品寿命周期，以及可获得的类似资产使用寿命的信息； （2）技术、工艺等方面的现实情况及对未来发展的估计； （3）以该资产在该行业运用的稳定性和生产的产品或服务的市场需求情况； （4）现在或潜在的竞争者预期采取的行动； （5）为维持该资产产生未来经济利益的能力所需要的维护支出，以及企业预计支付有关支出的能力； （6）对该资产的控制期限，以及对该资产使用的法律或类似限制，如特许使用期间、租赁期间等； （7）与企业持有的其他资产使用寿命的关联性等。 企业在对确认为无形资产的数据资源的使用寿命进行估计时，应当考虑无形资产估计使用寿命的因素，并重点关注数据资源相关业务模式、权利限制、更新频率和时效性、有关产品或技术迭代、同类竞品等因素
摊销时间	当月增加当月摊销，当月减少当月停止摊销

续表

项目	会计处理
摊销方法	依据资产带来经济利益的预期消耗方式
摊销的会计处理	借：制造费用（用于生产产品） 其他业务成本（对外出租） 在建工程（用于工程建设） 研发支出（用于研发） 管理费用（其他） 贷：累计摊销
摊销年限、方法等复核	复核的结果与原估计不一致，按照会计估计变更处理

第五章　投资性房地产

本章要点提示

考情解读

根据历年考情分析，本章既可以考客观题也可以考主观题，可与所得税（2014 年）、合并财务报表（2018 年等）、会计政策和会计估计变更及差错更正（2017 年、2021 年、2022 年）、债务重组、非货币性资产交换等结合出主观题，一般 5 分左右，其中投资性房地产后续计量模式的变更和投资性房地产的转换是本章的高频考点。

备考指南

本章介绍了投资性房地产的确认与初始计量，投资性房地产的后续计量、后续支出、后续计量模式的变更，投资性房地产的转换与处置，备考时要注意投资性房地产与非投资性房地产的区分，掌握成本模式与公允价值模式后续计量的不同会计处理，重点掌握成本模式变更为公允价值模式的会计处理，熟练掌握两种计量模式下投资性房地产转换的核算，能够对投资性房地产的处置进行会计处理。

教材变化

本章增加了对于自用建筑物改为出租、房地产开发企业将投资性房地产转为存货需要有确凿证据的表述。变化对考试基本没有影响。

要点1 投资性房地产的范围

项目	内容
属于投资性房地产的项目	（1）已出租的土地使用权； （2）已出租的建筑物； （3）持有并准备增值后转让的土地使用权
不属于投资性房地产的项目	（1）自用的房地产：固定资产、无形资产； （2）作为存货的房地产：开发成本、开发产品

学习心得

要点 2 投资性房地产的后续计量

计量模式	会计处理
成本模式	(1) 计提折旧或摊销： 借：其他业务成本 　　贷：投资性房地产累计折旧（摊销） (2) 计提减值准备（不得转回）： 借：资产减值损失 　　贷：投资性房地产减值准备 (3) 确认租金收入： 借：银行存款等 　　贷：其他业务收入等
公允价值模式（三不原则：不折旧、不摊销、不提减值准备）	(1) 调整公允价值变动： 借：投资性房地产——公允价值变动 　　贷：公允价值变动损益 或作相反分录 (2) 确认租金收入： 借：银行存款等 　　贷：其他业务收入等

续表

计量模式	会计处理
计量模式变更 （成本模式变更为公允价值模式）	属于会计政策变更，按照追溯调整法处理，假定公允价值高于账面价值，不考虑所得税影响，变更日的调整分录如下： 借：投资性房地产——成本 ——公允价值变动 投资性房地产累计折旧（摊销） 投资性房地产减值准备 贷：投资性房地产 利润分配——未分配利润 盈余公积
注意问题	同一个企业只能够采用一种模式对投资性房地产进行后续计量，成本模式满足条件可以变更为公允价值模式，但是已采用公允价值模式计量的投资性房地产，不得从公允价值模式转为成本模式

要点③　投资性房地产转换的会计处理

1. 成本模式下的转换（无差额）

转换形式	会计处理
投资性房地产转换为固定（无形）资产	借：固定资产（无形资产） 　　投资性房地产累计折旧（摊销） 　　投资性房地产减值准备 　　贷：投资性房地产 　　　　累计折旧（摊销） 　　　　固定（无形）资产减值准备
投资性房地产转换为存货	借：开发成本 　　投资性房地产累计折旧（摊销） 　　投资性房地产减值准备 　　贷：投资性房地产

续表

转换形式	会计处理
固定（无形）资产转换为投资性房地产	借：投资性房地产 　　累计折旧（摊销） 　　固定（无形）资产减值准备 　　贷：固定资产 　　　　投资性房地产累计折旧（摊销） 　　　　投资性房地产减值准备
存货转换为投资性房地产	借：投资性房地产 　　存货跌价准备 　　贷：开发产品

2. 公允价值模式下的转换（有差额）

转换形式	会计处理
投资性房地产转换为非投资性房地产	借：固定（无形）资产/开发成本 　贷：投资性房地产 　　公允价值变动损益（倒挤差额，或借）
固定（无形）资产转换为投资性房地产	借：投资性房地产 　累计折旧（摊销） 　固定（无形）资产减值准备 　公允价值变动损益（借方差额） 　贷：固定（无形）资产 　　其他综合收益（贷方差额）
存货转换为投资性房地产	借：投资性房地产 　存货跌价准备 　公允价值变动损益（借方差额） 　贷：开发产品 　　其他综合收益（贷方差额）

要点4 投资性房地产的处置

成本模式下的处置	公允价值模式下的处置
借：银行存款 　　贷：其他业务收入 　　　　应交税费——应交增值税（销项税额）	借：银行存款 　　贷：其他业务收入 　　　　应交税费——应交增值税（销项税额）
借：其他业务成本 　　投资性房地产累计折旧（摊销） 　　投资性房地产减值准备 　　贷：投资性房地产	借：其他业务成本 　　贷：投资性房地产——成本 　　　　　　　　　　——公允价值变动（或借） 借：其他综合收益 　　贷：其他业务成本 借：公允价值变动损益 　　贷：其他业务成本（或相反）

第六章　长期股权投资与合营安排

本章要点提示

考情解读

根据历年考情分析，考试时各种题型均可能出现，主观题既可以单独出，也可以与企业合并、合并财务报表、金融工具等章节内容结合，属于非常、极其以及特别重要的章节，一般14分左右，其中权益法和长期股权投资核算方法转换是本章的高频考点。

备考指南

本章介绍了长期股权投资的初始计量和后续计量，长期股权投资核算方法的转换与处置，以及合营安排认定、分类与会计处理。备考时需要关注不同取得方式下长期股权投资初始成本的确定，重点掌握长期股权投资后续计量的权益法，熟练掌握长期股权投资核算方法的转换，能够对长期股权投资的处置进行会计处理。第二轮学习时建议考生将本章与企业合并、合并财务报表章节的内容结合，会有很好的理解。另外，建议考生在学完金融工具章节后再学习本章内容。

教材变化

本章增加了判断联营企业投资是否具有重大影响的内容，增加了权益法其他权益变动的例题。

要点① 对联营企业、合营企业的长期股权投资的初始计量

取得方式	长期股权投资的成本
以支付现金取得	包括实际支付的购买价款、直接相关的费用、税金及其他必要支出，不包括被投资单位已宣告但尚未发放的现金股利或利润
以发行权益性证券方式取得	权益性证券的公允价值，发行费用冲减“资本公积——股本溢价”
以债务重组方式取得	放弃债权的公允价值和可直接归属于该资产的税金等其他成本
以非货币性资产交换方式取得	换出的非货币性资产含增值税的公允价值
投资者投入的长期股权投资	按照投资合同或协议约定的价值作为初始投资成本，但合同或协议约定价值不公允的除外
企业进行公司制改建	对资产、负债的账面价值按照评估价值调整的，长期股权投资应以评估价值作为改制时的认定成本，评估值与原账面价值的差异应计入资本公积（资本溢价或股本溢价）

要点② 非同一控制下企业合并形成的对子公司投资的初始计量

1. 一次交易实现控股合并

项目	会计处理原则
长期股权投资初始成本	合并成本，即付出对价的公允价值
对价的处理	按照公允价值计量，对价如果是非现金资产，视同销售，公允价值与账面价值的差额计入当期损益
合并价差的处理	个别报表不处理，合并报表层面，合并成本大于被购买方可辨认净资产公允价值份额的差额，确认为商誉；合并成本小于被购买方可辨认净资产公允价值份额的差额，合并当年年末确认为营业外收入
评估费、法律费、审计费等直接相关费用	管理费用
作为对价发行权益性证券的发行费用	冲减“资本公积——股本溢价”

续表

项目	会计处理原则
作为对价发行债务性证券的发行费用	计入“应付债券——利息调整”
支付的对价中包含的已宣告尚未发放的现金股利	计入“应收股利”

2. 多次交易实现控股合并

项目	内容
原投资为金融资产	长期股权投资成本＝原股权投资的公允价值＋追加投资支付对价的公允价值 原投资按照公允价值重新计量（先卖后买），“其他综合收益”转“投资收益”或“留存收益”

续表

项目	内容
原投资为长期股权投资（权益法）	长期股权投资成本 = 原股权投资的账面价值 + 追加投资支付对价的公允价值 原投资个别报表上维持其账面价值，“其他综合收益”“资本公积——其他资本公积”在购买日不进行结转，将来在投资处置时转“投资收益”或“留存收益”

学习心得

要点③ 同一控制下企业合并形成的对子公司投资的初始计量

1. 一次交易实现控股合并

项目	会计处理原则
长期股权投资初始成本	被合并方子公司的可辨认净资产在最终控制方合并报表中的账面价值份额×合并方母公司持股比例+最终控制方收购被合并方形成的商誉
对价的处理	按账面价值计量，账面余额反向结转
合并价差的处理	调整“资本公积——资本溢价（股本溢价）”，余额不足，冲减留存收益
评估费、法律费、审计费等直接相关费用	管理费用
作为对价发行权益性证券的发行费用	冲减“资本公积——股本溢价”

续表

项目	会计处理原则
作为对价发行债务性证券的发行费用	计入“应付债券——利息调整”
支付的对价中包含的已宣告尚未发放的现金股利	计入“应收股利”

2. 多次交易实现控股合并

项目	会计处理原则
长期股权投资初始成本	被合并方的可辨认净资产在最终控制方合并报表中的账面价值×合并方累计持股比例+最终控制方收购被合并方形成的商誉
对价	原股权投资的账面价值+追加投资付出对价的账面价值
合并价差的处理	调整“资本公积——资本溢价（股本溢价）”，余额不足，冲减留存收益

3. 一项交易中同时涉及自最终控制方购买股权形成控制及自其他外部独立第三方购买股权的会计处理

项目	会计处理原则
自集团内取得的股权并形成控制	按同一控制下企业合并原则处理（账面价值份额）
自集团外独立第三方取得的股权	视为购买子公司少数股权，按实际支付价款和相关税费确定

学习心得

要点 4　长期股权投资权益法

（一）一般会计处理

项目	会计处理
初始成本调整	初始投资成本小于投资时点享有被投资单位可辨认净资产公允价值份额，按照差额： 借：长期股权投资——投资成本 　　贷：营业外收入
投资损益的确认	按照被投资单位调整之后的净损益乘以投资方的持股比例： 借：长期股权投资——损益调整 　　贷：投资收益或相反
现金股利的处理	按照被投资单位宣告发放的现金股利乘以投资方持股比例： 借：应收股利 　　贷：长期股权投资——损益调整

续表

项目	会计处理
超额亏损的处理	投资企业确认被投资单位发生的净亏损，应当以长期股权投资的账面价值以及其他实质上构成对被投资单位净投资的长期权益减记至零为限，投资企业负有承担额外损失义务的除外。 （1）确认投资损失： 借：投资收益/其他综合收益 　　贷：长期股权投资——损益调整/其他综合收益 　　　　长期应收款 　　　　预计负债 （2）将来被投资方实现盈利（或增加其他综合收益税后净额）时，先冲备查簿中的亏损额，再将上述分录反作
其他综合收益的处理	按照被投资单位其他综合收益的变动额乘以持股比例： 借：长期股权投资——其他综合收益 　　贷：其他综合收益或相反

续表

项目	会计处理
被投资单位所有者权益其他变动的处理	按照被投资单位除了净损益、利润分配和其他综合收益以外的所有者权益变动额乘以持股比例： 借：长期股权投资——其他权益变动 　　贷：资本公积——其他资本公积（或相反）
股票股利的处理	不作会计处理，但应于除权日注明所增加的股数，以反映股份的变化情况（同成本法）

（二）被投资方账面净利润的调整

	存货	固定资产、无形资产（直线法）
投资时点公允价值调整	调整后的净利润 = 被投资方当期实现净利润 -（投资时点存货公允价值 - 存货账面价值）× 当期出售比例	调整后的净利润 = 被投资方当期实现净利润 -（资产公允价值 - 资产账面价值）/尚可使用年限 ×（当年折旧、摊销月数/12）

续表

	存货	固定资产、无形资产（直线法）
内部交易调整	（1）交易发生当年 调整后的净利润＝被投资方当期实现净利润－（存货内部交易售价－存货账面价值）×（1－当期出售比例） （2）后续期间 调整后的净利润＝被投资方当期实现净利润＋（内部交易存货售价－存货账面价值）×当期出售比例	（1）交易发生当年 调整后的净利润＝被投资方当期实现净利润－（资产售价－资产账面价值）/预计尚可使用年限×（当年折旧、摊销月数/12） （2）后续期间 调整后的净利润＝被投资方当期实现净利润＋（资产售价－资产账面价值）/预计尚可使用年限×（当期折旧、摊销月数/12）

（三）合并报表层面投资方与联营企业、合营企业之间内部交易的调整

内部交易类型	调整分录
逆流交易	投资方在个别报表层面确认对联营企业、合营企业投资收益后，如果投资方有子公司，需要编制合并报表，针对未实现内部交易损益对应投资方持

续表

内部交易类型	调整分录
逆流交易	股比例部分，在合并报表层面需要作如下调整分录： 借：长期股权投资 　　贷：存货等 以后年度如果投资方仍然有结存的从联营企业、合营企业购进的存货，按照结存存货包含的未实现内部交易损益金额对应投资方持股比例部分，仍然需要作上述调整分录
顺流交易	投资方在个别报表层面确认对联营企业、合营企业投资收益后，如果投资方旗下有子公司，需要编制合并报表，针对未实现内部交易损益对应投资方持股比例部分，在合并报表层面需要作如下调整分录： 借：营业收入 　　贷：营业成本 　　　　投资收益 或 借：资产处置收益 　　贷：投资收益 上述调整分录中的金额，与被投资方是否将内部购进的资产对外出售无关。该调整分录只需要在交易发生当年做，以后年度不需要再进行调整

要点 5 长期股权投资核算方法转换

情形	会计处理
金融资产转为权益法	(1) 转换后长期股权投资初始投资成本 = 转换日原投资公允价值（先卖后买）+ 新增投资的公允价值。 (2) 原股权投资于转换日的公允价值与账面价值之间的差额，计入改按权益法核算当期的损益（投资收益）或留存收益。 (3) 比较初始投资成本与获得重大影响或共同控制时应享有被投资单位可辨认净资产公允价值份额之间的差额，前者大于后者的，不调整长期股权投资的账面价值；前者小于后者的，差额应调整长期股权投资的账面价值，并计入当期营业外收入
金融资产或权益法转为成本法	按照多次交易实现控股合并的原则处理
成本法转权益法	确认处置部分损益，剩余部分进行权益法的追溯调整

续表

情形	会计处理
成本法转权益法	借：长期股权投资 　　贷：盈余公积、利润分配［取得原投资时点至处置投资当期期初被投资方的留存收益变动（扣除现金股利）×剩余持股比例］ 　　　　投资收益［处置投资当期期初至处置日被投资方的净损益变动（扣除现金股利）×剩余持股比例］ 　　　　其他综合收益（投资持有期间被投资单位其他综合收益变动×剩余持股比例） 　　　　资本公积——其他资本公积（投资持有期间被投资单位其他净资产变动×剩余持股比例）
权益法转金融资产	（1）确认处置部分的损益： 借：银行存款 　　贷：长期股权投资 　　　　投资收益

续表

情形	会计处理
权益法转金融资产	(2) 原权益法核算确认的其他综合收益全部转投资收益或留存收益： 借：其他综合收益 　　贷：投资收益或盈余公积、利润分配——未分配利润 或作相反会计分录。 (3) 原权益法核算确认的资本公积（其他资本公积）全部转投资收益： 借：资本公积——其他资本公积 　　贷：投资收益 或作相反会计分录。 (4) 剩余股权投资转为公允价值计量的金融资产： 借：其他权益工具投资/交易性金融资产［剩余部分的公允价值］ 　　贷：长期股权投资［剩余部分的账面价值］ 　　　　投资收益［差额］

续表

情形	会计处理
成本法转金融资产	（1）确认处置部分的损益： 借：银行存款 　　贷：长期股权投资［出售部分账面价值］ 　　　　投资收益 （2）剩余股权投资转为公允价值计量的金融资产： 借：其他权益工具投资/交易性金融资产［剩余部分公允价值］ 　　贷：长期股权投资［剩余部分账面价值］ 　　　　投资收益［差额］

学习心得

第七章　资产减值

本章要点提示

考情解读

根据历年考情分析，考试时客观题和主观题均可出现，主观题可与长期股权投资、固定资产、无形资产、所得税、合并报表等内容结合，一般4分左右，其中资产组减值和商誉减值是本章的高频考点。

备考指南

本章介绍了《企业会计准则第8号——资产减值》所规范的资产减值范围，减值测试的原则，可收回金额的确定，资产发生减值的会计处理以及减值后对固定资产折旧额和无形资产摊销额的影响，资产组与商誉减值的测试与会计处理。备考时，要能够识别出本章规范的8类非金融长期资产，掌握确定可收回金额时考虑的因素，重点掌握资产组减值测试与会计处理，适当关注总部资产的减值，熟练掌握商誉减值测试与会计处理。初学者学习商誉减值时会遇到障碍，可以暂时放一放，学完合并报表后就会豁然开朗。

教材变化

本章内容无实质性变化。

要点① 资产减值概述

项目	内容
资产减值的范围	（1）对子公司、联营企业和合营企业的长期股权投资； （2）采用成本模式进行后续计量的投资性房地产； （3）固定资产； （4）生产性生物资产； （5）无形资产； （6）商誉； （7）探明石油天然气矿区权益和井及相关设施； （8）使用权资产
资产减值的迹象	（1）外部信息来源。 ①如果出现了资产的市价在当期大幅度下跌，其跌幅明显高于因时间的推移或者正常使用而预计的下跌；②企业经营所处的经济、技术或者法律等环境以及资产所处的市场在当期或者将在近期发生重大变化，从而对企业产生不利影响；③市场利率或者其他市场投资报酬率在当期

续表

项目	内容
资产减值的迹象	已经提高，从而影响企业计算资产预计未来现金流量现值的折现率，导致资产可收回金额大幅度降低；④企业所有者权益（净资产）的账面价值远高于其市值等。 （2）内部信息来源。 ①有证据表明资产已经陈旧过时或者其实体已经损坏；②资产已经或者将被闲置、终止使用或者计划提前处置；③企业内部报告的证据表明资产的经济绩效已经低于或者将低于预期
至少于每年年度终了进行减值测试的资产	（1）商誉； （2）使用寿命不确定的无形资产； （3）尚未达到预定用途的无形资产

要点 2　资产预计未来现金流量的估计

项目	内容
资产预计未来现金流量应当包括的内容	（1）资产持续使用过程中预计产生的现金流入； （2）为实现资产持续使用过程中产生的现金流入所必需的预计现金流出，包括为使资产达到预定可使用状态所发生的现金流出； （3）资产使用寿命结束时，处置资产所收到或者支付的净现金流量
预计资产未来现金流量应当考虑的因素	（1）以资产的当前状况为基础预计资产未来现金流量，不包括与将来可能会发生的、尚未作出承诺的重组事项或与资产改良有关的预计未来现金流量； （2）预计资产未来现金流量不包括筹资活动和所得税收付产生的现金流量（息税前）； （3）对通货膨胀因素的考虑应当和折现率一致； （4）内部转移价格应当予以调整

要点③ 资产组减值测试

项目	内容
资产组的认定	(1) 该资产组能否独立产生现金流入（最关键的因素）； (2) 企业对生产经营活动的管理或者监控方式、企业对资产使用或者处置的决策方式等
资产组减值的会计处理	减值损失金额应当按照以下顺序分摊： (1) 减值分摊至资产组中商誉的账面价值。 (2) 根据资产组中除商誉之外的其他各项资产的账面价值所占比重，按比例抵减其他各项资产的账面价值。抵减后各资产的账面价值不得低于以下三者之中的最高者： ①该资产的公允价值减去处置费用后的净额（如可确定）； ②该资产预计未来现金流量的现值（如可确定）； ③零
注意问题	由于抵减后各资产的账面价值不得低于上述三者之中的最高者，所以可能存在某个单项资产无法按照其账面价值比重分摊资产组减值损失的情况，此时企业应当将该单项资产未能分摊的那部分资产减值损失在其他单项资产之间进行二次分摊

要点 4 商誉减值测试与处理

项目	内容
第一步：合	将归属于少数股东权益的商誉价值补充到资产组账面价值中，计算子公司按照购买日公允价值持续计算的净资产（包括可辨认和不可辨认的完全商誉）
第二步：算	确定减值总额，先冲减商誉价值，然后在资产组中可辨认资产之间分配
第三步：分	将归属于少数股东权益的商誉减值剔除，使合并报表中反映的是母公司商誉减值金额

第八章　负债

本章要点提示

考情解读

根据历年考情分析，考试时本章客观题和主观题均可考，主观题可与借款费用、每股收益等内容结合，一般4分左右，其中增值税的会计处理和可转换公司债券的核算是本章的高频考点。

备考指南

本章介绍了流动负债（不含应付职工薪酬）和非流动负债的核算。备考时重点关注增值税的会计处理和可转换公司债券的核算。第二轮学习时，可以将可转换公司债券部分与每股收益章节结合在一起。

教材变化

本章教材删除了可转换公司债券的会计处理。但考虑到内容的重要性，本书继续保留相关会计处理。

要点 1 增值税的会计处理

情形	会计处理
一般购销业务	采购业务： 借：库存商品等 　　应交税费——应交增值税（进项税额） 　　（当月已认证的可抵扣增值税额） 　　应交税费——待认证进项税额 　　（当月未认证的可抵扣增值税额） 　　贷：银行存款等 销售业务： 借：应收账款等 　　贷：主营业务收入 　　　　应交税费——应交增值税（销项税额） 　　　　应交税费——简易计税（采用简易计税方法计算的应纳增值税额）

续表

情形	会计处理
小规模纳税人购销	在购买商品时，其支付的增值税税额不得抵扣，计入相关成本费用。销售商品时按照不含税销售额和征收率计算增值税税额
视同销售	将自产、委托加工和购买的物资用于分红、对外投资，将自产、委托加工的物资用于集体福利、个人消费，确认收入、结转成本，计提销项税额。 借：应付股利、交易性金融资产、其他权益工具投资、应付职工薪酬等 　　贷：主营业务收入或其他业务收入 　　　　应交税费——应交增值税（销项税额） 借：主营业务成本或其他业务成本 　　贷：库存商品或原材料 将自产、委托加工和购买的物资用于捐赠，不确认收入，但是要计提销项税额。 借：营业外支出 　　贷：库存商品 　　　　应交税费——应交增值税（销项税额）

续表

情形	会计处理
进项税额不予抵扣的情况及抵扣情况变化的会计处理	用于简易计税方法计税项目、免征增值税项目、集体福利或个人消费等，其进项税额不得从销项税额中抵扣，应计入相关成本费用。因发生非正常损失或改变用途等，导致原已计入进项税额但按现行增值税制度规定不得从销项税额中抵扣的，应当将进项税额转出。 借：应付职工薪酬（集体福利或个人消费） 　　待处理财产损溢（非正常损失） 　　贷：应交税费——应交增值税（进项税额转出）
差额征税的会计处理	一般纳税人企业提供应税服务，按照“营改增”有关规定允许从销售额中扣除其支付给其他单位或个人价款的，在收入采用总额法确认的情况下，减少的销项税额作如下处理： 借：应交税费——应交增值税（销项税额抵减）（一般纳税人） 　　主营业务成本（倒挤） 　　贷：银行存款、应付账款等

续表

情形	会计处理
转出多交增值税和未交的增值税的会计处理	借：应交税费——应交增值税（转出未交增值税） 　　贷：应交税费——未交增值税 或者： 借：应交税费——未交增值税 　　贷：应交税费——应交增值税（转出多交增值税）
交纳增值税的会计处理	借：应交税费——应交增值税（已交税金）（交当月的） 　　应交税费——未交增值税（交上月的） 　　贷：银行存款
增值税税控系统专用设备和技术维护费用抵减增值税额的会计处理	（1）初次购入增值税税控系统专用设备时： 借：固定资产 　　贷：银行存款等 借：应交税费——应交增值税（减免税款） 　　贷：管理费用

续表

情形	会计处理
增值税税控系统专用设备和技术维护费用抵减增值税额的会计处理	（2）发生技术维护费用： 借：管理费用 　　贷：银行存款 借：应交税费——应交增值税（减免税款） 　　贷：管理费用
减免增值税	对于当期直接减免的增值税（不属于政府补助）： 借：应交税费——应交增值税（减免税款） 　　贷：其他收益 当期按规定即征即退的增值税（属于政府补助，总额法）： 借：银行存款 　　贷：其他收益

要点② 消费税及其他应交税费的会计处理

（一）消费税

情形	会计处理
销售应税消费品	借：税金及附加 　贷：应交税费——应交消费税
自产自用应税消费品	借：在建工程等 　贷：应交税费——应交消费税
委托加工应税消费品	借：委托加工物资（收回后税法认定为直接用于销售的情形，即以不高于受托方的计税价格直接出售） 应交税费——应交消费税（收回后税法认定为用于连续生产应税消费品的情形） 　贷：应付账款/银行存款等

（二）其他应交税费

<table>
<tr><th>项目</th><th>会计处理</th></tr>
<tr><td>资源税</td><td>借：税金及附加（销售）
　　生产成本、制造费用等（自产自用）
　　贷：应交税费——应交资源税</td></tr>
<tr><td>土地增值税</td><td>（1）企业转让的土地使用权连同地上建筑物及其附着物一并在“固定资产”科目核算的转让时应交的土地增值税：
借：固定资产清理
　　贷：应交税费——应交土地增值税
（2）土地使用权在“无形资产”科目核算的：
借：银行存款
　　累计摊销
　　无形资产减值准备
　　贷：应交税费——应交土地增值税
　　　　无形资产
　　　　资产处置损益（倒挤差额，或借）</td></tr>
</table>

续表

项目	会计处理
土地增值税	(3) 房地产开发经营企业销售房地产应交纳的土地增值税： 借：税金及附加 　　贷：应交税费——应交土地增值税
房产税、土地使用税、车船税、印花税、矿产资源补偿费、城市维护建设税及教育费附加	借：税金及附加 　　贷：应交税费 　　　　银行存款（印花税）
耕地占用税	借：在建工程 　　贷：银行存款

要点③ 可转换公司债券的会计处理

项目	会计处理
发行时	将其包含的负债成分和权益成分进行分拆，将负债成分确认为应付债券，将权益成分确认为其他权益工具。首先，计算负债成分的公允价值：将债券未来现金流量按不附转换权的一般债券市场利率折现；其次，计算权益成分的公允价值：发行价格－负债成分的公允价值；最后，分摊交易费用：交易费用在负债成分和权益成分之间按相对公允价值比例分摊，分摊后计入负债（应付债券——利息调整）和权益（其他权益工具）的初始确认金额。会计分录如下： 借：银行存款 　　应付债券——可转换公司债券（利息调整）（倒挤差额，或贷） 　　贷：应付债券——可转换公司债券（面值） 　　　　其他权益工具（权益成分公允价值）
转股前	负债成分的会计处理与一般公司债券相同，即按照实际利率和摊余成本确认利息费用，按面值和票面利率确认应付利息，差额作为利息调整的摊销额。权益成分不需要重新计量

续表

项目	会计处理
转股时	借：应付债券——可转换公司债券（面值、利息调整等）（转股部分冲销的负债成分账面余额） 其他权益工具（转股部分冲销的权益成分账面余额） 应付利息（若涉及） 贷：股本（股票面值×转换的股数） 资本公积——股本溢价（倒挤差额）

学习心得

第九章　职工薪酬

本章要点提示

考情解读

根据历年考情分析，考试时既可以出客观题，也可以出主观题，既可以单独出题，也可以和差错更正等内容结合出题，一般6分左右，其中短期薪酬和离职后福利是本章的高频考点。

备考指南

本章介绍了四类职工薪酬的确认与计量，备考时应当掌握不同类别职工薪酬的核算，重点关注带薪缺勤、利润分享计划、非货币性福利、设定受益计划、辞退福利的会计处理。

教材变化

本章删除了“将拥有的房屋等资产无偿提供给职工使用或租赁住房等资产供职工无偿使用”的内容和例题。

要点 1 带薪缺勤的会计处理

	累积带薪缺勤	非累计带薪缺勤
含义	带薪权利可以结转下期的带薪缺勤，本期尚未用完的带薪缺勤权利可以在未来期间使用	带薪权利不能结转下期的带薪缺勤，本期尚未用完的带薪缺勤权利将予以取消，并且职工离开企业时也无权获得现金支付
确认	在职工提供服务从而增加了其未来享有的带薪缺勤权利时确认	实际发生缺勤时确认，不用提前预计
计量	预计未来多休的天数×人数×平均每天每人的工资	多休的天数视为旷工处理

要点② 非货币性福利的会计处理

项目	内容
以自产产品发放给职工作为福利的（视同销售）	（1）决定发放时： 借：相关成本费用 　　贷：应付职工薪酬——非货币性福利 （2）实际发放时： 借：应付职工薪酬 　　贷：主营业务收入［按售价计算］ 　　　　应交税费——应交增值税（销项税额） 同时： 借：主营业务成本 　　贷：库存商品
以外购商品发放给职工作为福利	（1）购入时： 借：库存商品等 　　应交税费——应交增值税（进项税额） 　　贷：银行存款

续表

项目	内容
以外购商品发放给职工作为福利	（2）决定发放非货币性福利时： 借：生产成本、制造费用、管理费用等 　　贷：应付职工薪酬 （3）发放时： 借：应付职工薪酬 　　贷：库存商品等 　　　　应交税费——应交增值税（进项税额转出）
向职工提供企业支付了补贴的商品或服务	（1）合同规定职工在取得商品或服务后至少应提供服务的年限。 ①购入时： 借：固定资产 　　贷：银行存款 ②出售时： 借：银行存款 　　长期待摊费用 　　贷：固定资产

续表

项目	内容
向职工提供企业支付了补贴的商品或服务	③摊销时： 借：生产成本、制造费用、管理费用等 　　贷：应付职工薪酬 借：应付职工薪酬 　　贷：长期待摊费用
	（2）合同没有规定职工在取得住房等商品或服务后至少应提供服务的年限。 企业应将出售商品或服务的价格与其成本间的差额，作为对职工过去提供服务的一种补偿，直接计入向职工出售商品或服务当期的损益

要点3 设定受益计划的确认和计量

项目	内容
计入当期损益的金额	（1）服务成本：①当期服务成本；②过去服务成本；③结算利得和损失； （2）设定受益计划净负债或净资产的利息净额
计入其他综合收益的金额	设定受益净负债或净资产的重新计量发生的变动：①精算利得和损失；②计划资产回报；③资产上限影响的变动

学习心得

要点4　辞退福利的确认与计量

项目	内容
确认	下列两个时间的较早者： （1）企业不能单方面撤回因解除劳动关系计划或裁减建议所提供的辞退福利时； （2）企业确认与涉及支付辞退福利的重组相关的成本或费用时
计量	（1）对于职工没有选择权的辞退计划，应当根据计划条款规定拟解除劳动关系的职工数量、每一职位的辞退补偿等计提应付职工薪酬； （2）对于自愿接受裁减的建议，因接受裁减的职工数量不确定，企业应当根据或有事项准则，预计将会接受裁减建议的职工数量，根据预计的职工数量和每一职位的辞退补偿等计提应付职工薪酬
账务处理	借：管理费用 　　贷：应付职工薪酬

第十章　股份支付

本章要点提示

考情解读

根据历年考情分析，考试既可以考客观题，也可以考主观题，既可以单独出题，也可以和差错更正等内容结合出题，一般8分左右，其中限制性股票和集团股份支付是本章的高频考点。

备考指南

本章介绍了权益结算的股份支付和现金结算的股份支付的确认与计量，学习起来有一定难度，备考时应当掌握两类股份支付的核算，重点关注股票期权、限制性股票和集团股份支付的会计处理。

教材变化

本章新增了职工或其他方能够选择满足非可行权条件但在等待期内未满足的，例如职工在等待期内认为激励计划约定的行权价较高而自愿退出股权激励计划，企业应当将其作为授予权益工具的取消处理。

要点① 权益结算股份支付的会计处理

项目	内容
授予日	除了立即可行权的股份支付外，企业在授予日不作会计处理
等待期内每个资产负债表日	当期确认的成本费用＝预计可行权权益工具数量×授予日权益工具公允价值×已过等待期/等待期－以前期间累计已确认的成本费用 借：管理费用等 　　贷：资本公积——其他资本公积
可行权日之后	不再调整已确认的成本费用和资本公积
行权日	（1）发行新股授予激励对象： 借：银行存款［收到的股票价款］ 　　资本公积——其他资本公积［等待期内资本公积的余额］ 　　贷：股本［付给职工的股份面值］ 　　　　资本公积——股本溢价

续表

项目	内容
行权日	（2）回购股份授予激励对象： 借：库存股 　　贷：银行存款［实际支付的回购款］ 借：银行存款［收到的股票价款］ 　　资本公积——其他资本公积［等待期内资本公积的余额］ 　　贷：库存股［支付给职工的库存股成本］ 　　　　资本公积——股本溢价［倒挤差额］
一次授予、分次行权的处理	可以把每个批次看成是若干独立的股权激励计划，按照股份支付计量原则计算各自在等待期内应当确认的成本费用，然后加总即可计算出来整个激励计划的成本费用

要点② 现金结算股份支付的会计处理

项目	内容
授予日	除了立即可行权的股份支付外，企业在授予日不作会计处理
等待期内每个资产负债表日	当期确认的成本费用 = 预计可行权金融工具数量 × 每个资产负债表日金融工具公允价值 × 已过等待期/等待期 − 以前期间累计已确认的成本费用 借：管理费用等 　贷：应付职工薪酬在可行权日至行权日期间每期计入损益的金额 = 应付职工薪酬期末余额 + 当期支付的职工薪酬 − 应付职工薪酬期初余额
可行权日之后	负债公允价值的变动： 借：公允价值变动损益 　贷：应付职工薪酬（或相反）

续表

项目	内容
行权日	借：应付职工薪酬 　　贷：银行存款 借：公允价值变动损益 　　贷：应付职工薪酬（或相反）

学习心得

要点③　限制性股票股权激励的会计处理

（一）授予日的会计处理

项目	内容
收到认股款	借：银行存款 　　贷：股本 　　　　资本公积——股本溢价
就回购义务确认负债	借：库存股（限制性股票的数量×回购价格） 　　贷：其他应付款——限制性股票回购义务

（二）等待期内的会计处理

1. 股权激励成本费用的确认与计量

参照权益结算股份支付确认与计量原则处理。

2. 分配现金股利的会计处理

情形	现金股利可撤销	现金股利不可撤销
预计未来可解锁	分配现金股利时： 借：利润分配——应付现金股利 　　贷：应付股利 同时，按分配的现金股利金额： 借：其他应付款 　　贷：库存股 实际支付时： 借：应付股利 　　贷：银行存款	分配现金股利时： 借：利润分配——应付现金股利 　　贷：应付股利实际支付时 借：应付股利 　　贷：银行存款
预计未来不可解锁	分配现金股利时： 借：其他应付款 　　贷：应付股利 实际支付时： 借：应付股利 　　贷：银行存款	分配现金股利时： 借：管理费用等 　　贷：应付股利 实际支付时： 借：应付股利 　　贷：银行存款

（三）解锁日的会计处理

情形	会计处理
对未达到限制性股票解锁条件而需回购的股票	借：其他应付款（应支付的金额） 　　贷：银行存款 借：股本 　　资本公积——股本溢价（差额） 　　贷：库存股（注销的限制性股票数量对应的库存股的账面余额）
对达到限制性股票解锁条件而无须回购的股票	借：其他应付款 　　贷：库存股（解锁的股票对应的账面余额）

要点4 集团股份支付

项目	内容	
会计主体	结算企业（母公司）以其本身权益工具结算，接受服务企业（子公司）没有结算义务	结算企业（母公司）不是以其本身权益工具结算，接受服务企业（子公司）没有结算义务
结算企业	借：长期股权投资 　　贷：资本公积	借：长期股权投资 　　贷：应付职工薪酬
接受服务企业	借：管理费用 　　贷：资本公积	借：管理费用 　　贷：资本公积
合并报表	借：资本公积 　　贷：长期股权投资	借：资本公积 　　管理费用等（差额，或贷） 　　贷：长期股权投资 或者 借：应付职工薪酬 　　贷：长期股权投资

要点⑤ 股份支付条件和条款的修改

情况	会计处理
条款和条件的有利修改（针对职工而言）：如增加权益工具公允价值或数量、缩短等待期、变更或取消业绩条件	应考虑修改后的可行权条件，将增加的权益工具的公允价值相应地确认为取得服务的增加（增加成本费用）
条款和条件的不利修改（针对职工而言）：如减少权益工具的公允价值或数量、延长等待期、增加或变更业绩条件	如同该变更从未发生，不考虑条件的修改，除非企业取消了部分或全部已授予的权益工具
取消或结算（主动取消）	将取消或结算作为加速可行权处理，立即确认原本应在剩余等待期内确认的金额。取消或结算时支付给职工的款项作为权益的回购处理，支付的金额高于权益工具在回购日公允价值的部分，计入当期费用

续表

情况	会计处理
未满足可行权条件作废（被动取消）	(1) 如果未满足服务期限或非市场业绩条件，则实际可行权的权益工具数量为零，不应该确认股权激励成本费用，需要把以前期间确认的成本费用冲回。 (2) 如果未满足市场条件或非可行权条件，但是满足服务期限条件和非市场业绩条件，应确认股权激励成本费用，不可以冲回以前确认的成本费用

学习心得

第十一章　借款费用

本章要点提示

考情解读

根据历年考情分析，本章既可以考客观题，也可以与固定资产、应付债券、外币折算、合并财务报表等内容结合考主观题，涉及一般借款利息费用资本化的计算问题较复杂，计算量较大，一般4分左右，其中资本化期间的确定和借款费用资本化金额的计算是本章的高频考点。

备考指南

本章介绍了借款费用的确认与计量，备考时应当掌握借款费用的范围，重点掌握借款费用开始资本化、暂停资本化与停止资本化的条件，熟练掌握专门借款与一般借款在资本化期间内资本化金额的计算，适当关注外币借款汇兑差额的会计处理。

教材变化

本章内容无实质性变化。

要点1 借款费用资本化期间的确定

项目	内容
借款费用开始资本化的条件（同时满足）	（1）资产支出已经发生（支付现金；转移非现金资产；承担带息债务）； （2）借款费用已经发生； （3）为使资产达到预定可使用或者可销售状态所必要的购建活动或者生产活动已经开始
借款费用暂停资本化的条件（同时满足）	（1）资产在购建或者生产过程中发生非正常中断； （2）中断时间连续超过3个月
借款费用停止资本化的条件	购建或者生产符合资本化条件的资产达到预定可使用或者可销售状态，其判断迹象包括： （1）符合资产化条件资产的实体建造或者生产活动已经全部完成； （2）所建造资产符合设计要求或者合同要求； （3）继续发生在所购建或者生产的符合资本化条件的资产上的支出金额很少或者几乎不再发生。 如果所购建或者生产的资产是分别建造、分别完工的，每部分在其他部分继续建造或者生产过程中可供使用或者可对外销售，且必要的购

续表

项目	内容
借款费用停止资本化的条件	建或生产活动实质上已经完成，则率先停止与该部分资产相关的借款费用的资本化；如果各部分分别完工，但必须等到整体完工后才可使用或者对外销售，则资产整体完工时再一并停止资本化

正常中断与非正常中断的区分

项目	概念	实例
正常中断	中断是资产达到预定可使用或者可销售状态必要的程序、可预见的不可抗力导致的中断	（1）质量、安全检查停工； （2）北方因冰冻季节停工； （3）南方因梅雨季节停工
非正常中断	是指企业管理决策上的原因或者其他不可预见的原因等所导致的中断	（1）企业与施工方发生了质量纠纷； （2）工程、生产用料没有及时供应； （3）资金周转发生了困难； （4）施工、生产发生了安全事故； （5）发生了劳动纠纷等

要点 2 借款费用资本化金额的确定

借款类型	资本化金额
专门借款	资本化期间的实际利息费用－闲置的专门借款产生的投资收益
一般借款	累计资产支出超过专门借款部分的资产支出加权平均数×资本化率 资产支出加权平均数＝∑每笔占用的一般借款×占用时间权重 资本化率＝所占用一般借款至期末利息之和/∑所占用一般借款的本金×占用的时间权重
一般借款利息资本化金额计算的特殊问题	第一，如果借款费用开始资本化时点不在年初，则计算一般借款资本化率时分子和分母的时间权重按照借款时间和资本化开始时点孰晚确定； 第二，一般借款在停止资本化时点之前偿还，要按照截至还款日的时间权重计算资本化率（孰早）； 第三，如果存在暂停资本化期间，则资本化率计算中的时间权重不需要扣除，但资产支出加权平均数计算中的时间权重需要予以扣除

第十二章　或有事项

本章要点提示

考情解读

根据历年考情分析，本章考试既可以考客观题，也可以和差错更正、资产负债表日后事项等内容结合出题，一般4分左右，其中未决诉讼、产品质量保证、亏损合同的核算是本章的高频考点。

备考指南

本章主要介绍了或有事项确认与计量以及典型的或有事项业务的会计处理。备考时应当掌握预计负债的确认条件，重点掌握预计负债最佳估计数的确定方法，熟练掌握未决诉讼（仲裁）、产品质量保证、亏损合同、重组义务业务的会计处理。第二轮学习时，建议考生将本章内容与资产负债表日后事项章节的内容结合在一起，按照主观题标准来复习。

教材变化

本章新增了确认日常经营活动相关的亏损合同涉及的预计负债，在确认并计入预计负债贷方的同时，确认并计入主营业务成本的借方。

要点 1 或有事项的确认

项目	内容
或有负债与或有资产	定义：或有负债是过去的交易或者事项形成的潜在义务，其存在须通过未来不确定事项的发生或不发生予以证实；或过去的交易或者事项形成的现时义务，履行该义务不是很可能导致经济利益流出企业或该义务的金额不能可靠计量。或有资产是过去的交易或者事项形成的潜在资产，其存在须通过未来不确定事项的发生或不发生予以证实
	会计处理：或有负债和或有资产不符合负债或资产的确认条件，企业不应当确认或有负债和或有资产。或有负债导致经济利益可能流出企业时应当进行披露；或有资产导致经济利益很可能流入企业时应当进行披露
预计负债的确认条件（同时满足）	（1）或有事项产生的义务是企业的现时义务； （2）义务的履行很可能导致经济利益的流出； （3）义务的金额能够可靠地计量

履行或有事项相关义务导致经济利益流出的不同可能性的概率区间

可能性	概率值
极小可能	0＜可能性≤5%
可能	5%＜可能性≤50%
很可能	50%＜可能性≤95%
基本确定	95%＜可能性＜100%

学习心得

要点 2 预计负债的计量与会计处理原则

项目	内容
最佳估计数的确定	(1) 连续范围相等概率：取中间值（算术平均数）； (2) 多种可能、概率不同：按照各种可能结果及相关概率计算确定（加权平均数）； (3) 其他：最可能发生的金额
会计处理	(1) 确认预计负债： 借：销售费用【产品质量保证费用】 主营业务成本【诉讼费等】 固定资产【弃置费用现值】 投资收益【权益法超额亏损、承担额外义务】 应收账款等【估计退货率部分对应的商品价款，收入章节详解】 主营业务成本【建造合同计提减值，收入章节详解】 营业外支出【其他】 贷：预计负债

续表

项目	内容
会计处理	(2) 预期可获得补偿（基本确定能够收到时确认，不能超过所确认负债的账面价值）： 借：其他应收款 　　贷：营业外支出 (3) 实际发生支出时： 借：预计负债 　　贷：银行存款等
预计负债的计量需要考虑的其他因素	(1) 风险和不确定性； (2) 货币时间价值； (3) 未来事项等（技术进步、相关法规）。 不考虑预期处置相关资产形成的利得和损失

要点③ 未决诉讼或未决仲裁的会计处理

确认的预计负债	与当期实际发生的损失金额之间差额的处理
前期已合理计提	直接计入或冲减当期营业外支出
前期未合理计提（金额重大）	按照重大差错更正的方法进行会计处理
前期无法合理预计，未计提	在该损失事件发生的当期，直接计入当期营业外支出
资产负债表日后事项	按照资产负债表日后事项的有关规定进行会计处理

要点④　产品质量保证费用的会计处理

项目	内容
保证费用的实际发生额与预计数相差较大的处理	应及时对预计比例进行调整，但通常保留“预计负债——产品质量保证”的余额。
不保留“预计负债——产品质量保证”余额的情况	（1）企业针对特定批次产品确认预计负债，但保修期结束； （2）企业针对特定产品确认预计负债，企业已不再生产该产品，相应的产品质量保证期已届满

要点5 亏损合同的会计处理

项目	内容
预计负债的计量	执行合同发生的损失与撤销合同发生的损失两者中的较低者
执行合同的会计处理	有合同标的资产：对标的资产确认资产减值损失，超过部分确认为预计负债
	无合同标的资产：满足条件确认为预计负债

学习心得

要点 6 重组义务的会计处理

项目	内容
重组主要包括的内容	（1）对企业的组织结构进行较大调整； （2）出售或终止企业的部分业务； （3）关闭企业部分营业场所，或将营业活动由一个国家或地区迁移到其他国家或地区
重组义务确认负债的条件	（1）企业因重组而承担了重组义务； （2）满足预计负债的三项确认条件下列情况同时存在时，表明企业承担了重组义务： ①有详细、正式的重组计划（包括重组涉及的业务、主要地点、需要补偿的职工人数及其岗位性质、预计重组支出、计划实施时间等）； ②该重组计划已对外公告
重组义务的计量	应当按照与重组有关的直接支出确定预计负债金额，直接支出包括自愿遣散费、强制遣散费、将不再使用的厂房的租赁撤销费

续表

项目	内容
会计处理	（1）遣散费（辞退福利）： 借：管理费用 　　贷：应付职工薪酬 （2）租赁撤销费： 借：营业外支出 　　贷：预计负债 （3）预期处置资产的减值： 借：资产减值损失 　　贷：固定资产减值准备

第十三章　金融工具

本章要点提示

考情解读

根据历年考情分析，本章既可以考客观题也可以考主观题，既可以单独出题，也可以和长期股权投资、差错更正等内容结合出题，一般14分左右，其中金融资产的分类、不同类别金融资产的计量以及金融负债与权益工具的区分是本章的高频考点。

备考指南

本章涉及到《企业会计准则第22号——金融工具确认和计量》、《企业会计准则第23号——金融资产转移》、《企业会计准则第24号——套期会计》、《企业会计准则第37号——金融工具列报》等准则的内容，属于极其重要、难度系数极高、需要反复听课不断琢磨配合刷题才能搞定的一章。备考时，应当掌握金融资产的分类、金融负债与权益工具的区分、金融资产转移的确认与计量，重点掌握不同类别金融资产业务的核算，适当关注套期会计问题。

教材变化

本章新增了嵌入式衍生工具的会计处理以及收回已核销的金融资产的核算问题。

要点1 金融资产的分类与重分类

（一）分类

类别	合同现金流量特征	金融工具类型	业务模式	核算科目	处理原则
第一类（以摊余成本计量的金融资产）	仅为对本金和以未偿付本金金额为基础的利息的支付（本金+利息）	债务工具	收取合同现金流量	债权投资、贷款、应收账款等	实际利率法+摊余成本+减值
第二类（以公允价值计量且其变动计入其他综合收益的金融资产）	一般情形：本金+利息	债务工具	收取合同现金流量以及出售	其他债权投资等	实际利率法+公允价值+减值
	直接指定：不属于以上情形	权益工具	非交易性	其他权益工具投资	公允价值

续表

类别	合同现金流量特征	金融工具类型	业务模式	核算科目	处理原则
第三类（以公允价值计量且其变动计入当期损益的金融资产）	不属于以上两类	债务工具、权益工具	不属于以上两类	交易性金融资产	公允价值

学习心得

（二）重分类

类型	账务处理
以摊余成本计量的金融资产重分类为以公允价值计量且其变动计入当期损益的金融资产	按该资产在重分类日的公允价值进行计量，原账面价值与公允价值之间的差额计入当期损益。一般会计分录为： 借：交易性金融资产——成本［重分类日公允价值］ 　　债权投资减值准备［余额结平］ 　　贷：债权投资——成本/利息调整等［余额结平］ 　　　　公允价值变动损益［差额，或借记］
以公允价值计量且其变动计入当期损益的金融资产重分类为以摊余成本计量的金融资产	应以其在重分类日的公允价值作为新的账面余额。一般会计分录为： 借：债权投资——成本［面值］ 　　　　　　——利息调整［重分类日的公允价值－面值］ 　　贷：交易性金融资产 　　　　公允价值变动损益［重分类日公允价值－原账面价值，或借］

续表

类型	账务处理
以摊余成本计量的金融资产重分类为以公允价值计量且其变动计入其他综合收益的金融资产	按该金融资产在重分类日的公允价值进行计量，原账面价值与公允价值之间的差额计入其他综合收益。一般会计分录为： 借：其他债权投资——成本［面值］ ——利息调整 ——公允价值变动［重分类日公允价值－面值－利息调整］ 贷：债权投资［余额结平］ 其他综合收益［差额，或借记］ 借：债权投资减值准备 贷：其他综合收益——信用减值准备
以公允价值计量且其变动计入其他综合收益的金融资产重分类为以摊余成本计量的金融资产	应将之前计入其他综合收益的累计利得或损失转出，调整该金融资产在重分类日的公允价值，并以调整后的金额作为新的账面价值，即视同该金融资产一直以摊余成本计量。该金融资产重分类不影响其实际利率和预期信用损失的计量。一般分录为：

续表

类型	账务处理
以公允价值计量且其变动计入其他综合收益的金融资产重分类为以摊余成本计量的金融资产	(1) 成本、利息调整、应计利息明细科目对应结转： 借：债权投资——成本 ——利息调整 贷：其他债权投资——成本 ——利息调整 (2) 将重分类前确认的公允价值变动冲回： 借：其他综合收益——其他债权投资公允价值变动 贷：其他债权投资——公允价值变动 或相反分录。 (3) 如果重分类前该金融资产存在预期信用损失而计提了损失准备，则结转其减值准备： 借：其他综合收益——信用减值准备 贷：债权投资减值准备

续表

类型	账务处理
以公允价值计量且其变动计入其他综合收益的金融资产重分类为以公允价值计量且其变动计入当期损益的金融资产	应继续以公允价值计量该金融资产，同时应将之前计入其他综合收益的累计利得或损失从其他综合收益转入当期损益。 一般会计分录为： 借：交易性金融资产 　　贷：其他债权投资 将持有期间确认的其他综合收益转入当期损益： 借：其他综合收益——其他债权投资公允价值变动 　　贷：公允价值变动损益 或编制相反分录。 借：其他综合收益——信用减值准备 　　贷：公允价值变动损益
以公允价值计量且其变动计入当期损益的金融资产重分类为以公允价值计量且其变动计入其他综合收益的金融资产	应继续以公允价值计量该金融资产。 一般会计分录为： 借：其他债权投资 　　贷：交易性金融资产

要点 2 金融负债和权益工具的区分

<table>
<tr><th colspan="2">条件</th><th colspan="2">类型</th></tr>
<tr><td colspan="2">不能无条件避免以交付现金或其他金融资产来履行合同义务，包括不能无条件避免的赎回和强制付息</td><td colspan="2">金融负债（如普通公司债券、强制付息的优先股和永续债等）</td></tr>
<tr><td colspan="2">能够无条件地避免交付现金或其他金融资产（无到期日且无回售权、无限期递延、自主决定是否支付股利）</td><td colspan="2">权益工具（如普通股、符合条件的永续债等）</td></tr>
<tr><td rowspan="4">用自身权益工具结算</td><td rowspan="2">非衍生工具（如：优先股）</td><td>固定数量自身权益工具</td><td>权益工具</td></tr>
<tr><td>非固定数量自身权益工具</td><td>金融负债</td></tr>
<tr><td rowspan="2">衍生工具（如：认股权证）</td><td>固定金额现金交换固定数量自身权益工具（固定换固定）</td><td>权益工具</td></tr>
<tr><td>其他</td><td>金融负债</td></tr>
</table>

要点③　嵌入式衍生工具

项目	内容
嵌入式衍生工具的概念	嵌入非衍生金融工具或其他合同（主合同）中的衍生工具。 （1）主合同通常包括租赁合同、保险合同、服务合同、特许权合同、债务工具合同、合营合同等。 （2）在混合合同中，嵌入衍生工具通常以具体合同条款体现。 （3）衍生工具如果附属于一项金融工具但根据合同规定可以独立于该金融工具进行转让，或者具有与该金融工具不同的交易对手方，则该衍生工具不是嵌入衍生工具，应当作为一项单独存在的衍生工具处理
嵌入衍生工具与主合同的关系	嵌入衍生工具的核算有两种模式，从混合合同中分拆或不分拆。 （1）混合合同包含的主合同属于金融工具准则规范的资产的，企业不应从该混合合同中分拆嵌入衍生工具，而应当将该混合合同作为一个整体适用关于金融资产分类的相关规定。 （2）如果主合同并非金融工具准则范围的资产，企业对嵌入衍生工具进行会计处理时，应当合理地判断其与主合同的关系，根据其经济特征和风险是否与主合同的经济特征和风险紧密相关，并结合其他条件决定是否分拆。

续表

项目	内容
嵌入衍生工具与主合同的关系	提示 企业判断嵌入衍生工具的经济特征和风险是否与主合同的经济特征和风险紧密相关时，应当重点关注嵌入衍生工具与主合同的风险敞口是否相似，以及嵌入衍生工具是否可能会对混合合同的现金流量产生重大改变
嵌入式衍生工具的会计处理	（1）嵌入衍生工具的分拆。 混合合同包含的主合同不属于金融工具准则规范的资产，且同时符合下列条件的，企业应当从混合合同中分拆嵌入衍生工具，将其作为单独存在的衍生工具处理： ①嵌入衍生工具的经济特征和风险与主合同的经济特征和风险不紧密相关。 ②与嵌入衍生工具具有相同条款的单独工具符合衍生工具的定义。 ③该混合合同不是以公允价值计量且其变动计入当期损益进行会计处理。 嵌入衍生工具从混合合同中分拆的，企业应当按照适用的会计准则规定，对混合合同的主合同进行会计处理。对于单独存在的衍生工具，通常应采用公允价值进行初始计量和后续计量。

续表

项目	内容
嵌入式衍生工具的会计处理	(2) 将混合合同指定为以公允价值计量且其变动计入当期损益的金融工具。 当企业成为混合合同的一方，而主合同不属于金融工具准则规范的资产且包含一项或多项嵌入衍生工具时，则企业应识别所有此类嵌入衍生工具、评估其是否需要与主合同分拆，并且对于需与主合同分拆的嵌入衍生工具，应以公允价值进行初始确认和后续计量

要点4 金融资产的计量

（一）债权投资的计量

情形	财务处理
初始计量	借：债权投资——成本［面值］ ——利息调整［倒挤差额，或贷］ 应收利息（已到付息期、尚未领取的债券利息） 贷：银行存款
后续计量（实际利率法）	借：应收利息［分期付息，面值×票面利率］/债权投资——应计利息［到期一次还本付息，面值×票面利率］ 贷：投资收益［期初账面余额×实际利率（减值模型前两个阶段），或期初摊余成本×实际利率或经信用调整的实际利率（减值模型的第三个阶段）］ 债权投资——利息调整［差额，倒挤摊销额］ 借：银行存款 贷：应收利息 期末摊余成本=期初摊余成本+实际利息（利息收入或利息费用）-现金流量（分期付息时的票面利息）

续表

情形	财务处理
到期收回投资	借：银行存款 贷：债权投资——成本［面值］ 应收利息［分期付息，最后一期利息］/债权投资——应计利息［到期一次还本付息，全部利息］

（二）其他债权投资的计量

情形	账务处理
初始计量	借：其他债权投资——成本 其他债权投资——利息调整［倒挤差额，或贷］ 应收利息［已到付息期尚未领取的债券利息］ 贷：银行存款
后续计量	（1）按照实际利率法确认利息收入： 借：应收利息［分期付息，面值×票面利率］/其他债权投资——应计利息［到期一次还本付息，面值×票面利率］ 贷：投资收益［期初账面余额×实际利率（减值模型前两个阶段），或期

续表

情形	账务处理
后续计量	初摊余成本×实际利率或经信用调整的实际利率（减值模型的第三个阶段）] 其他债权投资——利息调整［差额，倒挤摊销额］ 借：银行存款 贷：应收利息 （2）调整公允价值变动： 借：其他债权投资——公允价值变动 贷：其他综合收益 或作相反分录
处置	借：银行存款 贷：其他债权投资——成本 ——利息调整［或借］ ——公允价值变动［或借］ 应收利息［出售时已计提但尚未实际收到的分期付息额］/其他债权投资——应计利息［到期一次还本付息债券计提的利息］ 投资收益［倒挤差额，或借］ 借：其他综合收益 贷：投资收益 或作相反分录

（三）交易性金融资产的计量

情形	账务处理
初始计量	借：交易性金融资产——成本 应收股利［已宣告尚未发放的现金股利］/应收利息［已到付息期尚未领取的利息］ 投资收益［交易费用］ 贷：银行存款 借：银行存款 贷：应收股利/应收利息
后续计量	（1）确认投资收益： 借：应收股利［被投资方宣告发放的现金股利］/应收利息［面值×票面利率］ 贷：投资收益 （2）调整公允价值变动： 借：交易性金融资产——公允价值变动 贷：公允价值变动损益 或作相反分录

续表

情形	账务处理
处置	借：银行存款 　　贷：交易性金融资产——成本 　　　　　　　　　　　——公允价值变动［或借］ 　　　　投资收益［倒挤差额，或借］

（四）其他权益工具投资的计量

情形	账务处理
初始计量	借：其他权益工具投资——成本 　　应收股利［已宣告但尚未发放的现金股利］ 　　贷：银行存款 借：银行存款 　　贷：应收股利
后续计量	（1）确认投资收益（唯一影响损益的情形）： 借：应收股利［被投资方宣告发放现金股利］

续表

情形	账务处理
后续计量	贷：投资收益 借：银行存款 　　贷：应收股利 （2）调整公允价值变动（含汇兑差额）： 借：其他权益工具投资——公允价值变动 　　贷：其他综合收益——其他权益工具投资公允价值变动 或作相反分录
处置	借：银行存款 　　贷：其他权益工具投资——成本 　　　　　　　　　　——公允价值变动［或借］ 　　　　盈余公积［倒挤差额的10%，或借］ 　　　　利润分配——未分配利润［倒挤差额的90%，或借］ 借：其他综合收益 　　贷：盈余公积 　　　　利润分配——未分配利润 或作相反分录

要点 5 金融负债的计量

（一）交易性金融负债

情形	账务处理
初始计量	借：银行存款 　　投资收益［交易费用］ 　　贷：交易性金融负债——成本
后续计量	（1）调整公允价值变动： 借：交易性金融负债——公允价值变动 　　贷：公允价值变动损益或相反 （2）确认利息费用时： 借：财务费用 　　贷：应付利息
终止确认	借：交易性金融负债——成本 　　应付利息 　　贷：银行存款 　　　　交易性金融负债——公允价值变动［或借］ 　　　　投资收益［倒挤差额，或借］

（二）应付债券

情形	账务处理
初始计量	借：银行存款 　　贷：应付债券——面值 　　　　　　　　——利息调整［倒挤差额，或借］
后续计量	借：在建工程/财务费用等［期初摊余成本×实际利率］ 　　应付债券——利息调整［倒挤差额，或贷］ 　　贷：应付利息/应付债券——应计利息［面值×票面利率］ 借：应付利息 　　贷：银行存款 期末摊余成本=期初摊余成本+实际利息费用-现金流量
到期偿还	借：应付债券——面值 　　应付利息/应付债券——应计利息 　　贷：银行存款

要点⑥ 金融工具减值

（一）金融工具减值的三阶段模型

项目	第1阶段	第2阶段	第3阶段
特点	初始确认后信用风险并未显著增加（包括在资产负债表日信用风险较低）	初始确认后信用风险显著增加但不存在表明发生信用损失的客观证据（无减值迹象）	在资产负债表日（含购买或源生）存在已发生信用减值的客观证据（有减值迹象）
损失准备的计量	相当于未来12个月内预期信用损失的金额	相当于整个存续期预期信用损失的金额	整个存续期预期信用损失
利息收入计算	账面余额×实际利率（总额法）	账面余额×实际利率（总额法）	摊余成本×实际利率或经信用调整的实际利率（净额法）

（二）金融工具减值的账务处理

类别	会计处理
以摊余成本计量的金融资产	借：信用减值损失 　　贷：债权投资减值准备 　　　　贷款损失准备 　　　　坏账准备 　　　　租赁应收款减值准备 借：资产减值损失 　　贷：合同资产减值准备
部分贷款承诺及财务担保合同	借：信用减值损失 　　贷：预计负债
分类为以公允价值计量且其变动计入其他综合收益的金融资产	借：信用减值损失 　　贷：其他综合收益——信用减值准备

要点 7 金融资产转移

（一）金融资产转移的确认

<table>
<tr><th colspan="2">情形</th><th>确认结果</th></tr>
<tr><td colspan="2">已转移金融资产所有权上几乎所有的风险和报酬</td><td rowspan="2">终止确认该金融资产（确认新资产/负债）</td></tr>
<tr><td rowspan="2">既没有转移也没有保留金融资产所有权上几乎所有的风险和报酬</td><td>未保留对金融资产的控制</td></tr>
<tr><td>保留对金融资产的控制</td><td>按照继续涉入所转移金融资产的程度确认有关金融资产和负债</td></tr>
<tr><td colspan="2">保留了金融资产所有权上几乎所有的风险和报酬</td><td>继续确认该金融资产，并将收到的对价确认为金融负债</td></tr>
</table>

（二）金融资产转移的会计处理

满足终止确认条件	借：银行存款 　　贷：相关金融资产 　　　　投资收益（倒挤差额，或借）
继续确认被转移金融资产	借：银行存款 　　贷：短期借款等
继续涉入被转移金融资产	借：银行存款 　　继续涉入资产（所转移金融资产的账面价值和担保金额两者之中的较低者） 　　贷：相关金融资产 　　　　继续涉入负债（担保金额＋担保合同的公允价值） 　　　　投资收益（倒挤差额，或借）

要点 8 套期会计

（一）套期的分类

类别	含义
公允价值套期	对已确认资产或负债、尚未确认的确定承诺，或上述项目组成部分的公允价值变动风险敞口进行的套期
现金流量套期	对现金流量变动风险敞口进行的套期，该现金流量变动源于与已确认资产或负债、极可能发生的预期交易，或与上述项目组成部分有关的特定风险
境外经营净投资套期	对境外经营净投资外汇风险敞口进行的套期。境外经营净投资，是指企业在境外经营净资产中的权益份额

（二）套期工具与被套期项目

项目	内容
套期工具	（1）以公允价值计量且其变动计入当期损益的衍生工具，但签出期权除外。企业只有在对购入期权（包括嵌入在混合合同中的购入期权）进行套期时，签出期权才可以作为套期工具。嵌入在混合合同中但未分拆的衍生工具不能作为单独的套期工具； （2）以公允价值计量且其变动计入当期损益的非衍生金融资产或非衍生金融负债； （3）对于外汇风险套期，企业可以将非衍生金融资产（选择以公允价值计量且其变动计入其他综合收益的非交易性权益工具投资除外）或非衍生金融负债的外汇风险成分指定为套期工具
被套期项目	企业可以将下列单个项目、项目组合或其组成部分指定为被套期项目： （1）已确认资产或负债； （2）尚未确认的确定承诺； （3）极可能发生的预期交易； （4）境外经营净投资； （5）项目组成部分

（三）套期会计的确认与计量

项目	内容
公允价值套期	（1）指定套期关系： 借：被套期项目 　　贷：库存商品、其他权益工具投资等 （2）调整公允价值变动： 借：套期损益或其他综合收益 　　贷：被套期项目 借：套期工具 　　贷：套期损益或其他综合收益
现金流量套期	套期工具产生的利得或损失中属于套期有效的部分：作为现金流量套期储备，应当计入其他综合收益
	套期工具产生的利得或损失中属于套期无效的部分：计入当期损益
境外经营净投资套期	参照现金流量套期进行会计处理

第十四章　租赁

本章要点提示

考情解读

根据历年考情分析，本章考试既可以考客观题，也可以考主观题，既可以单独出题，也可以和收入、差错更正等内容结合出题，因为准则的修订，近几年每年都考主观题，一般10分左右，其中承租人的会计处理、出租人对于经营租赁的会计处理以及售后租回业务的会计处理是本章的高频考点。

备考指南

本章介绍了租赁的识别、承租人和出租人的会计处理以及特殊租赁业务的会计处理。备考时，应当掌握租赁的三要素，重点掌握承租人租赁负债和使用权资产的初始计量与后续计量，掌握出租人对于经营租赁的会计处理，掌握转租赁和售后租回的会计处理，适当关注出租人对于融资租赁的会计处理。由于租赁和收入准则都对合同的界定有相似之处，建议考生在学完收入章节之后再学习本章内容，会有更好的理解。

教材变化

本章新增了卖方兼承租人在对售后租回所形成的租赁负债按照《企业会计准则第21号——租赁》的规定进行后续计量的会计处理；新增了承租人使用权资产初始计量和出租人对融资租赁会计处理的表述。

要点1　租赁概述

（一）租赁的识别

租赁三要素	内容
存在一定的期间	即租赁期，也可表述为已识别资产的使用量
存在已识别资产	（1）合同明确指定或隐性指定； （2）物理上可区分； （3）供应方没有实质性替换权
资产供应方向客户转移对已识别资产使用权的控制	（1）客户有权获得因使用资产所产生的几乎全部经济利益； （2）客户有权主导资产的使用

（二）租赁期

项目	内容
租赁期开始日	出租人提供租赁资产使其可供承租人使用的起始日期，如果承租人在租赁协议约定的起租日或租金起付日之前，已获得对租赁资产使用权的控制，则表明租赁期已经开始
承租人有续租选择权	合理确定将行使该选择权的，租赁期还应当包含续租选择权涵盖的期间
承租人有终止租赁选择权	合理确定将不会行使该选择权的，租赁期应当包含终止租赁选择权涵盖的期间

（三）租赁的分拆

<table>
<tr><th>项目</th><th>内容</th></tr>
<tr><td>合同中同时包含多项单独租赁</td><td>承租人和出租人应当将合同予以分拆，并分别各项单独租赁进行会计处理</td></tr>
<tr><td rowspan="2">合同中同时包含租赁和非租赁部分</td><td>出租人应当将租赁和非租赁部分进行分拆，分拆后，各租赁部分按照《企业会计准则第 21 号——租赁》处理，非租赁部分按照其他适用的准则处理</td></tr>
<tr><td>承租人可以选择分拆或者不分拆，如果不分拆，应当将各租赁部分及与其相关的非租赁部分分别合并为租赁，按照《企业会计准则第 21 号——租赁》进行会计处理</td></tr>
</table>

要点② 承租人的会计处理

（一）租赁负债的初始计量

项目	内容
计量原则	租赁负债应当按照租赁期开始日尚未支付的租赁付款额的现值进行初始计量
租赁付款额的构成	（1）固定付款额及实质固定付款额，存在租赁激励的，扣除租赁激励相关金额； （2）取决于指数或比率的可变租赁付款额，该款项在初始计量时根据租赁期开始日的指数或比率确定； （3）购买选择权的行权价格，前提是承租人合理确定将行使该选择权； （4）行使终止租赁选择权需支付的款项，前提是租赁期反映出承租人将行使终止租赁选择权； （5）根据承租人提供的担保余值预计应支付的款项。 需要说明的是，承租人向出租人支付的款项中包含增值税的，该增值税不属于租赁付款额的范畴，不应纳入租赁负债和使用权资产的计量。出租人为确保承租人履行合同相关义务收取租赁保证金的，该租赁保证金不属于承租人的租赁付款额，承租人应将其作为单独的资产进行会计处理

（二）使用权资产的初始计量

项目	内容
使用权资产成本的构成	（1）租赁负债的初始计量金额； （2）在租赁期开始日或之前支付的租赁付款额，存在租赁激励的，扣除已享受的租赁激励相关金额； （3）承租人发生的初始直接费用，即为达成租赁所发生的增量成本，增量成本是指若企业不取得该租赁，则不会发生的成本，如佣金、印花税等； （4）承租人为拆卸及移除租赁资产、复原租赁资产所在场地或将租赁资产恢复至租赁条款约定状态预计将发生的成本
账务处理	借：使用权资产［倒挤］ 租赁负债——未确认融资费用［未来期间的租赁付款额－未来期间的租赁付款额现值］ 贷：租赁负债——租赁付款额［未来期间的租赁付款额］ 银行存款［租赁期开始日或之前支付的租赁付款额＋初始直接费用－已收的租赁激励］ 预计负债［恢复费用的现值］

（三）租赁负债的后续计量

情形	会计处理
确认租赁负债的利息	借：财务费用/在建工程等 　　贷：租赁负债——未确认融资费用
支付租赁付款额	借：租赁负债——租赁付款额 　　贷：银行存款
未纳入租赁负债计量的可变租赁付款额	借：营业成本（或销售费用）等 　　贷：银行存款
重新计量租赁负债的账面价值	借：使用权资产 　　贷：租赁负债 或相反

（四）使用权资产的后续计量（计提折旧）

项目	内容
折旧计提时间	通常应自租赁期开始的当月计提折旧，当月计提确有困难的，为便于实务操作，企业也可以选择自租赁期开始的下月计提折旧，但应对同类使用权资产采取相同的折旧政策
折旧方法	应当根据与使用权资产有关的经济利益的预期消耗方式做出决定。通常，承租人按直线法对使用权资产计提折旧，其他折旧方法更能反映使用权资产有关经济利益预期消耗方式的，应采用其他折旧方法
折旧年限	（1）承租人能够合理确定租赁期届满时取得租赁资产所有权的，应当在租赁资产剩余使用寿命内计提折旧； （2）承租人无法合理确定租赁期届满时能够取得租赁资产所有权的，应当在租赁期与租赁资产剩余使用寿命两者孰短的期间内计提折旧； （3）如果使用权资产的剩余使用寿命短于前两者，则应在使用权资产的剩余使用寿命内计提折旧
折旧金额的分配	借：成本费用类科目（受益原则） 　　贷：使用权资产累计折旧

要点③ 租赁变更未作为一项单独租赁

情形	会计处理
租赁变更导致租赁范围缩小或租赁期缩短的	调减使用权资产的账面价值，并将部分终止或完全终止租赁的相关利得或损失计入当期损益，分录如下： 借：租赁负债——租赁付款额 　　使用权资产累计折旧 　　贷：租赁负债——未确认融资费用 　　　　使用权资产 　　　　资产处置损益［倒挤差额，或借］
其他租赁变更（比如延长租赁期等）	调整使用权资产的账面价值，分录如下： 借：使用权资产 　　租赁负债——未确认融资费用 　　贷：租赁负债——租赁付款额

要点 4　出租人对经营租赁的会计处理

项目	内容
租金收入的分摊	出租人应采用直线法或其他合理的方法将租赁收款额在整个租赁期内分摊确认租金收入。 出租人提供免租期的，出租人应将租金总额在不扣除免租期的整个租赁期内进行分配，免租期内应当确认租金收入。 出租人承担了承租人某些费用的，出租人应将该费用自租金收入总额中扣除，按扣除后的租金收入余额在租赁期内进行分配
初始直接费用	应当资本化至标的资产的成本，在租赁期内按照与租金收入确认相同的基础进行分摊，分期计入当期损益
经营租赁资产	对于经营租赁资产中的固定资产，出租人应当采用类似资产的折旧政策计提折旧；对于其他经营租赁资产，应当根据该资产适用的企业会计准则，采用系统合理的方法进行摊销。出租人应按照减值准则的有关规定，对发生减值的经营租赁资产计提减值准备
未计入租赁收款额的可变租赁付款额	在实际发生时计入当期损益

要点⑤ 特殊租赁业务的会计处理

（一）转租赁

分类	会计处理
转租分类为融资租赁	终止确认与原租赁相关且转给转租承租人的使用权资产，并确认转租赁投资净额（若转租的租赁内含利率无法确定，转租出租人可采用原租赁的折现率计量）；将转租赁投资净额与使用权资产之间的差额确认为损益。 在资产负债表中保留原租赁的租赁负债，在转租期间，中间出租人既要确认转租赁的融资收益，也要确认原租赁的利息费用。转租赁期开始日的账务处理如下： 借：应收融资租赁款——租赁收款额 　　使用权资产累计折旧、使用权资产减值准备［余额冲销］ 　　贷：使用权资产［余额冲销］ 　　　　　应收融资租赁款——未实现融资收益 　　　　资产处置损益［转租赁投资净额－使用权资产的账面价值］

续表

分类	会计处理
转租分类为经营租赁	中间出租人在其资产负债表中继续保留与原租赁相关的租赁负债和使用权资产。在转租期间，中间出租人确认使用权资产的折旧费用和租赁负债的利息费用，并确认转租赁的租赁收入

（二）生产商或经销商出租人的融资租赁的会计处理

项目	内容
收入确认时间	租赁期开始日
收入确认金额	“租赁资产公允价值”与“租赁收款额按市场利率折现的现值”较低者
销售成本	租赁资产账面价值－未担保余值的现值
取得租赁发生的成本	主要与生产商或经销商赚取的销售利得相关，在租赁期开始日计入当期损益（销售费用）

（三）售后租回交易

1. 售后租回交易中的资产转让不属于销售

卖方兼承租人	不终止确认所转让的资产，而应当将收到的现金作为金融负债（抵押融资）
卖方兼出租人	不确认被转让资产，而应当将支付的现金作为金融资产处理

2. 售后租回交易中的资产转让属于销售

卖方承租人	按原资产账面价值中与租回获得的使用权有关的部分，计量售后租回所形成的使用权资产； 将销售对价低于市场价格的款项作为预付租金进行会计处理，将高于市场价格的款项作为出租人向承租人提供的额外融资进行会计处理； 卖方兼承租人在对售后租回所形成的租赁负债按照《企业会计准则第21号——租赁》的规定进行后续计量时，确定租赁付款额或变更后租赁付款额的方式不得导致其确认与租回所获得的使用权有关的利得或损失，即使

续表

卖方承租人	该租赁付款额或变更后租赁付款额包含不取决于指数或比率的可变租赁付款额。但租赁变更导致租赁范围缩小或租赁期缩短的，承租人仍应按规定将部分终止或完全终止租赁的相关利得或损失计入当期损益
买方出租人	根据其他适用的企业会计准则对资产购买进行会计处理，并根据《企业会计准则第21号——租赁》对资产出租进行会计处理

学习心得

第十五章　持有待售的非流动资产、处置组和终止经营

本章要点提示

考情解读

根据历年考情分析，本章考试既可以考客观题，也可以考主观题，从2018年开始持有待售作为独立的一章内容，当年考了主观题，随后的几年针对持有待售的长期股权投资与合并报表结合考过拼盘式主观题，一般5分左右，其中持有待售类别的划分条件和持有待售的长期股权投资是本章的高频考点。

备考指南

本章介绍了持有待售的非流动资产和处置组的确认、计量与列报，以及终止经营的认定和列报。备考时应当掌握持有待售类别的划分条件，持有待售类别计量的三个环节，终止经营的条件与列报原则，重点关注持有待售的长期股权投资的核算特点，考试时容易与长期股权投资核算方法转换结合出题。

教材变化

本章内容无实质性变化。

要点 1　持有待售类别的划分条件

条件	含义
可立即出售	根据类似交易中出售此类资产或处置组的惯例，在当前状况下可立即出售。为满足该条件，企业应当具有在当前状态下出售该非流动资产或处置组的意图和能力
出售极可能发生	企业已经就一项出售计划做出决议且获得确定的购买承诺，预计出售将在一年内完成。有关规定要求企业相关权力机构或者监管部门批准后方可出售的，应当已经获得批准

要点② 持有待售类别的计量（以固定资产为例）

情形	会计处理
划分为持有待售类别前	计提当月折旧，然后转为持有待售资产。 借：持有待售资产 　　累计折旧 　　固定资产减值准备 　　贷：固定资产
划分为持有待售类别时	如果持有待售的非流动资产的账面价值高于其公允价值减去出售费用后的净额，需要计提减值准备。 借：资产减值损失 　　贷：持有待售资产减值准备
取得日划分为持有待售类别的计量（预计一年内出售，三个月内满足持有待售类别的其他条件）	按照假定其不划分为持有待售类别情况下的初始计量金额和公允价值减去出售费用后的净额两者孰低计量，差额计入当期损益（资产减值损失）

续表

情形	会计处理
取得日划分为持有待售类别的计量（预计一年内出售，三个月内满足持有待售类别的其他条件）	借：持有待售资产 　　资产减值损失 　　贷：银行存款等
划分为持有待售类别后	补提减值或者转回减值，但是划分为持有待售类别前计提的减值不允许转回，持有待售的非流动资产不应计提折旧或摊销
持有待售资产的处置	借：银行存款 　　持有待售资产减值准备 　　贷：持有待售资产 　　　　资产处置损益（倒挤差额，或借）

要点③ 持有待售的长期股权投资

（一）对子公司投资分类为持有待售类别

情形	会计处理
分类为持有待售类别时	在母公司个别财务报表中将对子公司投资整体划分为持有待售类别；在合并财务报表中将子公司所有资产和负债划分为持有待售类别
出售对子公司投资后保留的部分权益性投资	如果企业对被投资企业施加共同控制或重大影响：在编制母公司个别财务报表时，应当按照成本法转权益法的规定进行会计处理，在编制合并财务报表时，应当按照合并财务报表准则的有关规定进行会计处理
	如果企业对被投资企业不具有控制、共同控制或重大影响：应当按照22号金融工具准则进行会计处理

（二）对联营企业或合营企业投资分类为持有待售类别

情形	会计处理
分类为持有待售类别时	应当将拟出售的部分停止权益法核算，对于未划分为持有待售资产的剩余权益性投资，应当在划分为持有待售的那部分权益性投资出售前继续采用权益法进行会计处理
出售对联营企业或合营企业投资后保留的部分权益性投资	按照22号金融工具准则进行会计处理。 借：交易性金融资产/其他权益工具投资 　　贷：长期股权投资 　　　　投资收益（倒挤差额，或借）

要点 4 终止经营

定义	满足下列条件之一的、能够单独区分的组成部分，且该组成部分已经处置或划分为持有待售类别： (1) 该组成部分代表一项独立的主要业务或一个单独的主要经营地区； (2) 该组成部分是拟对一项独立的主要业务或一个单独的主要经营地区进行处置的一项相关联计划的一部分； (3) 该组成部分是专为转售而取得的子公司
列报	符合终止经营定义，列报的终止经营损益应当包含整个报告期间，而不仅包含认定为终止经营后的报告期间
	持有待售的对联营企业或合营企业的权益性投资不再符合持有待售类别划分条件或从持有待售的处置组中移除的，应当自划分为持有待售类别日起采用权益法进行追溯调整
	对于当期列报的终止经营，企业应当在当期财务报表中，将原来作为持续经营损益列报的信息重新作为可比会计期间的终止经营损益列报

第十六章　所有者权益

本章要点提示

考情解读

根据历年考情分析，本章考试客观题和主观题均可出现，主观题可以和长期股权投资、金融工具等内容结合，一般5分左右，其中资本公积和其他综合收益是本章的高频考点。

备考指南

本章介绍了实收资本（股本）、其他权益工具、资本公积、其他综合收益和留存收益的核算，很多内容在前面资产负债章节都已经学过，因此备考时，本章应当重点关注其他权益工具、其他综合收益的核算，熟练掌握可以重分类进损益的其他综合收益与不能重分类进损益的其他综合收益包括的项目。

教材变化

本章内容无实质性变化。

要点1 其他权益工具

项目	会计处理
利息或股利的处理	(1) 对于归类为权益工具的金融工具，无论其名称中是否包含“债”，其利息支出或股利分配都应当作为发行企业的利润分配，其回购、注销等作为权益的变动处理。 (2) 对于归类为金融负债的金融工具，无论其名称中是否包含“股”，其利息支出或股利分配原则上按照借款费用进行处理，其回购或赎回产生的利得或损失等计入当期损益
权益工具与金融负债的重分类	(1) 权益工具重分类为金融负债： 借：其他权益工具（账面价值） 资本公积——资本溢价（或股本溢价）（倒挤差额，或贷） 贷：应付债券（公允价值） (2) 金融负债重分类为权益工具（无差额）： 借：应付债券（账面价值） 贷：其他权益工具（账面价值）

要点 2　其他综合收益

类别	具体内容
可以重分类进损益的其他综合收益	（1）第二类金融资产（债务工具投资）的公允价值变动； （2）第一类金融资产重分类为第二类金融资产的差额； （3）第二类金融资产计提的信用减值准备； （4）权益法下因被投资方可以重分类进损益的其他综合收益变动而确认的金额； （5）非投资性房地产转换为公允模式下的投资性房地产的贷方差额； （6）现金流量套期工具产生的利得或损失中属于有效套期的部分； （7）外币财务报表折算差额； （8）一揽子交易处置子公司，丧失控制权之前的利得损失
不可以重分类进损益的其他综合收益	（1）重新计量设定受益计划导致净负债或净资产变动； （2）非交易性权益工具投资指定为以公允价值计量且其变动计入其他综合收益的金融资产，持有期间的公允价值变动； （3）指定为以公允价值计量且其变动计入当期损益的金融负债受其自身信用风险影响引起的公允价值变动； （4）企业按照权益法核算的在被投资单位以后会计期间不能重分类进损益的其他综合收益中所享有的份额

第十七章　收入、费用和利润

本章要点提示

考情解读

根据历年考情分析，本章考试既可以考客观题，也可以考主观题，既可以单独出题，也可以和差错更正、资产负债表日后事项、合并财务报表等内容结合出题，一般23分左右，其中五步法模型和特定交易的会计处理是本章的高频考点。

备考指南

本章介绍了收入、费用和利润三个会计要素的确认和计量。学习时重点关注收入部分，应当深入理解收入确认与计量的五步法模型的基本原理，掌握合同履约成本与合同取得成本资本化与费用化的条件，熟练掌握八大特定交易的会计处理。本章是历年来命制主观题的重灾区，建议考生反复听课、做题、总结，这样才能达到通过考试的标准。

教材变化

本章新增一道在某一时段内履行的履约义务判断的房地产开发企业销售商品房的例题，新增两道授予知识产权许可确认收入的例题。

要点 1 识别与客户订立的合同

项目	内容
合同成立的条件（同时满足）	(1) 合同各方已批准该合同并承诺将履行各自义务； (2) 该合同明确了合同各方与所转让的商品（或提供的服务，以下简称转让的商品）相关的权利和义务； (3) 该合同有明确的与所转让商品相关的支付条款； (4) 该合同具有商业实质，即履行该合同将改变企业未来现金流量的风险、时间分布或金额； (5) 企业因向客户转让商品而有权取得的对价很可能收回
合同合并的条件（满足其中之一）	(1) 该两份或多份合同基于同一商业目的而订立并构成一揽子交易，如一份合同在不考虑另一份合同的对价的情况下将会发生亏损； (2) 该两份或多份合同中的一份合同的对价金额取决于其他合同的定价或履行情况，如一份合同如果发生违约，将会影响另一份合同的对价金额； (3) 该两份或多份合同中所承诺的商品（或每份合同中所承诺的部分商品）构成后面所述的单项履约义务

续表

项目	内容
合同变更	(1) 合同变更增加了可明确区分的商品及合同价款，且新增合同价款反映了新增商品单独售价的，将合同变更部分作为单独合同进行会计处理。 (2) 合同变更不属于上述第（1）种情形，且在合同变更日已转让商品与未转让商品之间可明确区分的，将合同变更作为原合同终止及新合同订立进行会计处理。 (3) 合同变更不属于上述第（1）种情形，且在合同变更日已转让商品与未转让商品之间不可明确区分的，将合同变更部分作为原合同的组成部分进行会计处理

学习心得

要点② 识别合同中的单项履约义务

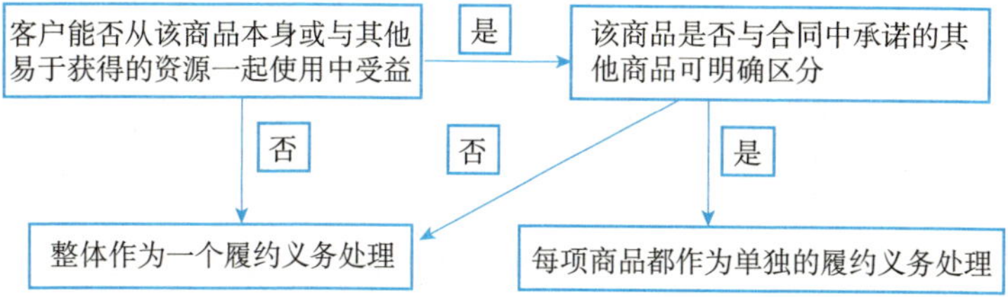

转让该商品的承诺与合同中承诺的其他商品不可明确区分的情形：

情形	内容
情形一	企业需提供重大的服务以将该商品与合同中承诺的其他商品进行整合，形成合同约定的某个或某些组合产出转让给客户
情形二	该商品将对合同中承诺的其他商品予以重大修改或定制
情形三	该商品与合同中承诺的其他商品具有高度关联性，合同中承诺的每一单项商品均受到合同中其他商品的重大影响

要点③ 确定交易价格

考虑因素	交易价格的确定
可变对价	计入交易价格的可变对价不能超过未来不确定性消除时累计已确认的收入极可能不会发生重大转回的金额
重大融资成分	按照假定客户在取得商品控制权时即以现金支付的应付金额（即现销价格）确定交易价格
非现金对价	按照非现金对价在合同开始日的公允价值作为交易价格
应付客户对价	应当将该应付对价冲减交易价格（在确认收入和支付或应当支付对价孰晚的时点冲减收入）。如果支付的对价取得了可明确区分的商品，按照购买商品处理（计入存货成本）

重大融资成分的会计处理：

客户后付款	客户先付款
借：长期应收款（本息和） 　　贷：主营业务收入（本金） 　　　　未实现融资收益（利息） 借：主营业务成本 　　贷：库存商品 借：银行存款 　　贷：长期应收款 借：未实现融资收益 　　贷：财务费用	借：银行存款（本金） 　　未确认融资费用（利息） 　　贷：合同负债（本息和） 借：财务费用 　　贷：未确认融资费用 借：合同负债 　　贷：主营业务收入 借：主营业务成本 　　贷：库存商品

要点4 交易价格在各项履约义务间的分摊

企业应当在合同开始日，按照各单项履约义务所承诺商品的单独售价的相对比例，将交易价格分摊至各单项履约义务。

1. 合同折扣的分摊

情形	分摊方法
一般情况	在各单项履约义务之间按比例分摊
有确凿证据表明合同折扣仅与合同中一项或多项（而非全部）履约义务相关的	企业应当将合同折扣全部分摊至合同中的一项或多项（而非全部）履约义务

2. 可变对价的分摊

情形	分摊方法
可变对价与整个合同相关	将可变对价及可变对价的后续变动额全部分摊至各单项履约义务

续表

情形	分摊方法
可变对价仅与合同中的某一特定组成部分（而非全部）相关	企业应当将可变对价及可变对价的后续变动额全部分摊至与之相关的某项履约义务，或者构成单项履约义务的一系列可明确区分商品中的某项商品

3. 合同变更之后发生可变对价后续变动

情形	会计处理
合同变更的情形一	应当判断可变对价后续变动与哪一项合同相关，并按照分摊可变对价的相关规定进行会计处理
合同变更的情形二	可变对价后续变动与合同变更前已承诺可变对价相关的，企业应当首先将该可变对价后续变动额以原合同开始日确定的单独售价为基础进行分摊，然后再将分摊至合同变更日尚未履行履约义务的该可变对价后续变动额以新合同开始日确定的基础进行二次分摊
合同变更的情形三	应当将该可变对价后续变动额分摊至合同变更日尚未履行（或部分未履行）的履约义务

要点⑤ 在某一时段内履行的履约义务

项目	内容
在某一时段内履行履约义务的条件	(1) 客户在企业履约的同时即取得并消耗企业履约所带来的利益； (2) 客户能够控制企业履约过程中在建的商品； (3) 企业履约过程中所产出的商品不具有可替代用途（高度定制化），且该企业在整个合同期间内有权就累计至今已完成的履约部分收取款项（合格收款权：成本+合理利润）
收入确认的方法	按履约进度确认收入，履约进度可以按照投入法或产出法确定
建造合同业务的会计处理	(1) 发生合同成本： 借：合同履约成本 　　贷：原材料、应付职工薪酬等 (2) 确认收入： 借：合同结算——收入结转 　　贷：主营业务收入

续表

项目	内容
建造合同业务的会计处理	(3) 结转成本： 借：主营业务成本 　　贷：合同履约成本 (4) 结算工程款： 借：应收账款 　　贷：合同结算——价款结算 (5) 收到工程款： 借：银行存款 　　贷：应收账款

学习心得

要点6 合同成本的确认与计量

合同成本的类型	资本化的条件
合同履约成本	(1) 该成本与一份当前或预期取得的合同直接相关； (2) 该成本增加了企业未来用于履行（或持续履行）履约义务的资源； (3) 该成本预期能够收回
合同取得成本	(1) 增量成本； (2) 预期能够收回资产摊销期限不超过一年的，可以在发生时计入当期损益

要点⑦ 附有销售退回条款的销售

处理原则	会计处理
在客户取得相关商品控制权时，按照因向客户转让商品而预期有权收取的对价金额（即，不包含预期因销售退回将退还的金额）确认收入；按照预期因销售退回将退还的金额（价款）确认为一项负债（预计负债）	借：应收账款等 　贷：主营业务收入 　　预计负债 　　应交税费——应交增值税（销项税额）
按照预期将退回商品在转让时的账面价值，扣除收回该商品预计发生的成本（包括退回商品的价值减损）后的余额，确认为一项资产（应收退货成本）；按照所转让商品在转让时的账面价值，扣除上述资产成本的净额结转成本	借：应收退货成本 　主营业务成本 　贷：库存商品
期末调整	每一资产负债表日，企业应当重新估计未来销售退回情况，如有变化，应当作为会计估计变更进行会计处理，调整预计负债、主营业务收入、应收退货成本与主营业务成本

要点8 附有质量保证条款的销售

质保的种类	含义	会计处理
服务类质保	客户能够选择单独购买质量保证的，或在向客户保证所销售商品符合既定标准之外提供了一项单独的服务（额外服务）	构成单项履约义务，需要分摊一部分交易价格，在提供质保服务的期间内确认收入。 借：银行存款 　贷：主营业务收入 　　合同负债（服务类质保分摊的交易价格）
保证类质保	仅仅是为保证商品符合既定标准，并未向客户提供额外的商品或服务	不构成单项履约义务，该质保应当按照或有事项准则进行会计处理。 借：销售费用 　贷：预计负债

要点⑨ 主要责任人和代理人

项目	内容
判断原则	(1) 企业在向客户转让商品前能够控制该商品：该企业为主要责任人，应当按照已收或应收对价总额确认收入（总额法）； (2) 企业在向客户转让商品前不能控制该商品：该企业为代理人，应当按照预期有权收取的佣金或手续费的金额确认收入（净额法）
主要责任人的情形	(1) 企业自第三方取得商品或其他资产控制权后，再转让给客户； (2) 企业能够主导第三方代表本企业向客户提供服务（总包商）； (3) 企业自第三方取得商品控制权后，通过提供重大的服务将该商品与其他商品整合成合同约定的某组合产出转让给客户
判断是否拥有商品控制权的事实和情况	(1) 企业承担向客户转让商品的主要责任； (2) 企业在转让商品之前或之后承担了该商品的存货风险； (3) 企业有权自主决定所交易商品的价格； (4) 其他相关事实和情况

要点10 附有客户额外购买选择权的销售

项目	内容
业务举例	销售激励、客户奖励积分、未来购买商品的折扣券、合同续约选择权等
处理原则	如该选择权向客户提供了一项重大权利（比其他客户便宜），应当作为单项履约义务，将交易价格分摊至该履约义务，在客户未来行使购买选择权取得相关商品控制权时，或者该选择权失效时，确认相应的收入
账务处理（以积分为例）	借：银行存款 　　贷：主营业务收入（交易价格分给本次销售商品的） 　　　　合同负债（交易价格分给选择权的） 借：合同负债（按照已兑换的积分占预期将兑换积分总数的比例乘以积分分摊的交易价格确认收入） 　　贷：主营业务收入

要点 11　授予知识产权许可

授予知识产权许可构成单项履约义务的会计处理：

情形	条件（同时满足）	举例
时段履行履约义务	(1) 合同要求或客户能够合理预期企业将从事对该项知识产权有重大影响的活动； (2) 该活动对客户将产生有利或不利影响； (3) 该活动不会导致向客户转让商品	授予加盟权、连环漫画中的角色形象和名称的使用权
时点履行履约义务	知识产权具有重大的独立功能	出售音乐唱片的版权

要点12 售后回购

情形		销售方的会计处理
销售方承担回购义务或享有回购权利	回购价大于等于原售价	融资（其他应付款）
	回购价小于原售价	租赁
客户享有回售权利	客户具有行权的重大经济动因（回购价大于市场价格）	融资或租赁
	客户没有行权的重大经济动因（回购价小于市场价格）	附有销售退回条款的销售

要点 13　费用和利润

（一）期间费用

项目	内容
管理费用	企业为组织和管理企业生产经营所发生的各项费用（排除法）
销售费用	企业在销售商品和材料、提供劳务的过程中发生的各种费用，包括销售过程中发生的各项费用和专设销售机构的各项费用
研发费用	研发过程中发生的费用化支出，以及计入管理费用的自行开发无形资产的摊销金额
财务费用	企业为筹集生产经营所需资金等而发生的筹资费用

（二）营业外收支

项目	内容
营业外收入	非流动资产毁损报废利得、与企业日常活动无关的政府补助（总额法核算）、盘盈利得（现金盘盈）、捐赠利得、确实无法支付的应付款项等

续表

项目	内容
营业外支出	非流动资产毁损报废损失、盘亏损失（固定资产盘亏）、公益性捐赠支出、非常损失等

（三）营业利润

项目	计算公式
营业利润	营业收入－营业成本－税金及附加－销售费用－管理费用－研发费用－财务费用－资产减值损失－信用减值损失＋其他收益＋投资收益（－投资损失）＋净敞口套期收益（－净敞口套期损失）＋公允价值变动收益（－公允价值变动损失）＋资产处置收益
记忆技巧	损益类项目除了“营业外收入”“营业外支出”和“所得税费用”以外，均影响营业利润

第十八章　政府补助

本章要点提示

考情解读

根据历年考情分析，本章考试既可以考客观题，也可以考主观题，既可以单独出题，也可以和差错更正等内容结合出题，一般6分左右，其中政府补助准则的适用范围和两类政府补助的会计处理是本章的高频考点。

备考指南

本章介绍了政府补助的确认、计量和列报，备考时，应当掌握适用政府补助准则进行会计处理的业务以及不适用政府补助准则进行会计处理的业务，重点掌握与资产相关的政府补助和与收益相关的政府补助的会计处理，适当关注财政贴息的会计处理。本章难度不大，但是考试命题分值较高，属于性价比较高的章节，建议考生务必重视本章内容。

教材变化

本章新增了政府补助无偿性特征的进一步解释。

要点1 政府补助的范围

情形	内容
适用政府补助准则进行会计处理的情形	无偿拨款、财政贴息、税收返还、无偿给予非货币性资产
不适用政府补助准则进行会计处理的情形	(1) 直接减征、免征、增加计税抵扣额、抵免部分税额; (2) 增值税出口退税; (3) 企业从政府取得的经济资源，如果与企业销售商品或提供劳务等日常经营活动密切相关，且来源于政府的经济资源是企业商品或服务的对价或者对价的组成部分，应当按照14号收入准则的规定进行会计处理，不适用16号政府补助准则

通过“其他收益”科目核算的业务总结

1	按规定直接减免应交增值税税额的，以及一般纳税人的加工型企业根据税法规定招用自主就业退役士兵，并按定额扣减的增值税，借记“应交税费——应交增值税(减免税款)”科目，贷记“其他收益”科目

续表

2	企业作为个人所得税的扣缴义务人，根据《中华人民共和国个人所得税法》收到的扣缴税款手续费，在利润表“其他收益”项目列报
3	债务重组中债务人用非金融资产偿债、或者包含金融资产和非金融资产偿债，产生的债务重组损益计入“其他收益”
4	即征即退的增值税，先按规定缴纳增值税，然后根据退回的增值税税额，借记“银行存款”等科目，贷记“其他收益”科目（属于政府补助）
5	企业超比例安排残疾人就业或者为安排残疾人就业做出显著成绩，按规定收到的奖励，记入“其他收益”科目（不属于政府补助）
6	小规模纳税人达到增值税制度规定的免征增值税条件（月度销售额未超过 10 万元）时，将有关应交增值税转入“其他收益”科目
7	符合规定可以用加计抵减额抵减应纳税额的，实际缴纳增值税时，计入“其他收益”

要点2 与资产相关的政府补助的会计处理

核算方法	会计处理	
总额法	取得时： 借：银行存款 　　贷：递延收益	摊销时（自开始对相关资产计提折旧或进行摊销时起在该资产使用寿命内按照合理、系统的方法摊销）： 借：递延收益 　　贷：其他收益
净额法	取得时： 借：银行存款 　　贷：递延收益	摊销时（资产达到预定可使用状态时一次摊销）： 借：递延收益 　　贷：固定资产/无形资产

要点 3 与收益相关的政府补助的会计处理

<table>
<tr><th>情形</th><th colspan="2">会计处理</th></tr>
<tr><td>用于补偿以后期间的成本费用或损失</td><td>取得时：
借：银行存款
　　贷：递延收益</td><td>将来费用发生期间分摊计入损益（一般按费用发生比例分摊，否则按照时间比例分摊）：
总额法下：
借：递延收益
　　贷：其他收益（与日常活动相关）
　　　　营业外收入（与日常活动无关）
净额法下：
借：递延收益
　　贷：生产成本、管理费用等（与日常活动相关）
　　　　营业外支出（与日常活动无关）</td></tr>
</table>

续表

情形	会计处理
用于补偿已经发生的成本费用或损失	取得时： 总额法下： 借：银行存款/其他应收款 　　贷：其他收益（与日常活动相关） 　　　　营业外收入（与日常活动无关） 净额法下： 借：银行存款/其他应收款 　　贷：生产成本、管理费用等（与日常活动相关） 　　　　营业外支出（与日常活动无关）

要点 4 政府补助的退回

处理原则	会计分录
1. 初始确认时冲减相关资产成本的，应当调整资产账面价值	借：固定资产 　　其他收益 　　贷：银行存款 　　　　累计折旧
2. 存在尚未摊销的递延收益的，冲减相关递延收益的账面余额，超出部分计入当期损益	借：递延收益 　　其他收益 　　贷：银行存款
3. 属于其他情况的，直接计入当期损益	借：其他收益、营业外收支 　　贷：银行存款
4. 对于属于前期差错的政府补助退回，应当按照前期差错更正进行追溯调整	借：以前年度损益调整 　　贷：银行存款

要点5 政策性优惠贷款贴息的会计处理

情形	会计处理
财政将贴息资金拨付给贷款银行	方法一：以实际收到的金额作为借款的入账价值，按照借款本金和该政策性优惠利率计算借款费用。 （1）取得借款时： 借：银行存款 　　贷：长期借款——本金 （2）计提利息时： 借：在建工程/财务费用等（按优惠利率计算） 　　贷：应付利息 方法二：以借款的公允价值作为借款的入账价值，并按实际利率法计算借款费用，实际收到的金额与借款公允价值之间的差额确认为递延收益，递延收益在借款存续期内采用实际利率法摊销，冲减相关借款费用。 （1）取得借款时： 借：银行存款（实际收到的金额） 　　长期借款——利息调整 　　贷：长期借款——本金 }借款的公允价值 　　　　递延收益（差额）

续表

情形	会计处理
财政将贴息资金拨付给贷款银行	（2）计提利息时： 借：在建工程/财务费用等（按实际利率计算） 　　贷：应付利息（按优惠利率计算） 　　　　长期借款——利息调整（倒挤差额） （3）摊销递延收益（净额法）： 借：递延收益 　　贷：在建工程/财务费用等
财政将贴息资金拨付给收益企业	由于企业按照同类贷款市场利率向银行支付利息，所以实际收到的借款金额通常就是借款的公允价值，企业应当将对应的贴息冲减相关借款费用。 （1）取得借款时： 借：银行存款 　　贷：长期借款——本金 （2）计提利息时： 借：在建工程/财务费用等（按优惠利率计算） 　　贷：应付利息 （3）确认贴息资金，冲减利息费用（净额法）： 借：其他应收款等 　　贷：在建工程/财务费用等

第十九章　所得税

本章要点提示

考情解读

根据历年考情分析，本章内容在客观题和主观题中均可能出现，以主观题为主（几乎年年考），难点在于和企业合并、合并财务报表、股份支付等内容的结合，一般10分左右，其中递延所得税和当期所得税的计算和会计处理是本章的高频考点。

备考指南

本章介绍了所得税的确认与计量，综合性比较强，学习起来难度较大。备考时，应当理解好资产负债的计税基础，掌握产生应纳税暂时性差异与可抵扣暂时性差异的情形，重点掌握递延所得税资产和递延所得税负债的确认与计量，熟练掌握所得税费用的计算和账务处理。本章是历年来命制主观题的重灾区，与收入、金融工具、长期股权投资、投资性房地产、股份支付等众多章节的内容都可以结合，建议考生多投入时间和精力学习本章内容。

教材变化

本章新增了一道与单项交易相关的递延所得税的例题。

要点 1 计税基础与账面价值

项目	计税基础	账面价值
固定资产	实际成本－税法累计折旧	实际成本－会计累计折旧－固定资产减值准备
以公允价值计量的金融资产	取得时的成本	公允价值
成本模式计量的投资性房地产	历史成本－税法累计折旧（累计摊销）	历史成本－会计累计折旧（累计摊销）－投资性房地产减值准备
公允价值计量的投资性房地产	历史成本－税法累计折旧（累计摊销）	公允价值
其他各种计提减值准备的资产	资产账面余额	资产账面余额－减值准备账户余额

续表

项目	计税基础	账面价值
内部研发无形资产初始计量	账面价值×175%（或200%）	资本化支出
使用寿命确定的无形资产后续计量	实际成本－税法累计摊销	实际成本－会计累计摊销－无形资产减值准备
使用寿命不确定的无形资产后续计量	实际成本－税法累计摊销	实际成本－无形资产减值准备
负债	账面价值－未来期间按照税法规定可予税前扣除的金额	账面余额

要点② 应纳税暂时性差异与可抵扣暂时性差异

	定义	情形
应纳税暂时性差异	在确定未来收回资产或清偿负债期间的应纳税所得额时，将导致产生应税金额的暂时性差异	（1）资产的账面价值大于其计税基础； （2）负债的账面价值小于其计税基础
可抵扣暂时性差异	在确定未来收回资产或清偿负债期间的应纳税所得额时，将导致产生可抵扣金额的暂时性差异	（1）资产的账面价值小于其计税基础； （2）负债的账面价值大于其计税基础
特殊项目产生的暂时性差异	未作为资产、负债确认的项目产生的暂时性差异	如企业发生的符合条件的广告费和业务宣传费支出，会计上计入当期损益。除另有规定外，税法上不超过当期销售收入15%的部分准予扣除，超过部分准予在以后纳税年度结转扣除。 账面价值＝0（可以将支出理解为账面价值为0的资产）

续表

	定义	情形
特殊项目产生的暂时性差异	未作为资产、负债确认的项目产生的暂时性差异	计税基础=结转以后纳税年度扣除的金额（超过当期销售收入15%的部分） 两者之间的差额形成可抵扣暂时性差异
	可抵扣亏损及税款抵减产生的暂时性差异	按照税法规定可以结转以后年度的未弥补亏损及税款抵减（未来5年税前利润补亏），虽不是因资产、负债的账面价值与计税基础不同产生的，但与可抵扣暂时性差异具有同样的作用，均能减少未来期间的应纳税所得额和应交所得税，会计处理上视同可抵扣暂时性差异，在符合确认条件的情况下，应确认与其相关的递延所得税资产

要点③ 递延所得税负债的确认和计量

项目	内容
递延所得税负债的确认	借：所得税费用（差异产生时影响会计利润或应纳税所得额） 其他综合收益（差异产生时影响其他综合收益） 资本公积（差异产生时影响资本公积，如权益法调整） 留存收益（政策变更追溯调整等） 商誉（非同一控制下企业合并等） 贷：递延所得税负债
不确认递延所得税负债的情况	（1）商誉的初始确认（防止无限循环）。 （2）除企业合并以外的其他交易或事项中，如果该项交易或事项发生时既不影响会计利润，也不影响应纳税所得额，则所产生的资产、负债的初始确认金额与其计税基础不同，形成应纳税暂时性差异的，交易或事项发生时不确认相应的递延所得税负债。 （3）长期持有的长期股权投资

续表

项目	内容
递延所得税负债的计量	递延所得税负债应以相关应纳税暂时性差异转回期间适用的所得税税率计量。无论应纳税暂时性差异的转回期间如何，递延所得税负债的确认不要求折现

学习心得

要点 4 递延所得税资产的确认和计量

项目	内容
递延所得税资产的确认条件	在估计未来期间能够取得足够的应纳税所得额用以利用该可抵扣暂时性差异时，应当以很可能取得用来抵扣可抵扣暂时性差异的应纳税所得额乘以所得税税率为限，确认相关的递延所得税资产
对应科目	借：递延所得税资产 　　贷：所得税费用（差异产生时影响会计利润或应纳税所得额） 　　　　其他综合收益（差异产生时影响其他综合收益） 　　　　资本公积（差异产生时影响资本公积，如权益法调整） 　　　　留存收益（政策变更追溯调整等） 　　　　商誉（非同一控制下企业合并）

续表

项目	内容
不确认递延所得税资产的特殊情况	如果企业发生的某项交易或事项不是企业合并，并且交易发生时既不影响会计利润也不影响应纳税所得额，且该项交易中产生的资产、负债的初始确认金额与其计税基础不同，产生可抵扣暂时性差异的，所得税准则中规定在交易或事项发生时不确认相应的递延所得税资产。如内部研发无形资产加计扣除产生的可抵扣暂时性差异不确认递延所得税资产
递延所得税资产的计量	（1）适用税率的确定：采用转回期间适用的所得税税率为基础计算确定。无论相关的可抵扣暂时性差异转回期间如何，递延所得税资产均不予折现。 （2）递延所得税资产的减值：资产负债表日，企业应当对递延所得税资产的账面价值进行复核。如果未来期间很可能无法取得足够的应纳税所得额用以利用可抵扣暂时性差异带来的利益，应当减记递延所得税资产的账面价值

要点 5　特殊交易或事项中涉及递延所得税的确认和计量

项目	内容
1. 与直接计入所有者权益的交易或事项相关的所得税	（1）会计政策变更采用追溯调整法或对前期差错更正采用追溯重述法调整期初留存收益； （2）以公允价值计量且其变动计入其他综合收益的金融资产公允价值的变动金额； （3）同时包含负债及权益成分的金融工具在初始确认时计入所有者权益的金额； （4）自用房地产转换为采用公允价值模式计量的投资性房地产时公允价值大于原账面价值的差额计入其他综合收益等
2. 与企业合并相关的递延所得税	购买方取得的可抵扣暂时性差异不符合递延所得税资产确认条件未确认递延所得税资产，购买日后12个月内，如取得新的或进一步信息表明购买日的相关情况已经存在，预期被购买方在购买日可抵扣暂时性差异带来的经济利益能够实现的，应当确认相关的递延所得税资产，同时减少商誉，商誉不足冲减的，差额部分确认为当期损益。除上述情况以外，确认与企业合并相关的递延所得税资产，应当计入当期损益

续表

项目	内容
3. 与股份支付相关的当期及递延所得税	企业应根据期末的股票价格估计未来可以税前抵扣的金额，以未来期间很可能取得的应纳税所得额为限确认递延所得税资产。此外，如果预计未来期间可抵扣的金额超过等待期内确认的成本费用，超出部分形成的递延所得税资产应直接计入所有者权益。 借：递延所得税资产 　　贷：所得税费用 　　　　资本公积——其他资本公积
4. 与单项交易相关的递延所得税	借：递延所得税资产（例如租赁负债产生的） 　　贷：递延所得税负债（例如使用权资产产生的）
5. 发行方分类为权益工具的金融工具相关股利的所得税影响	对于发行方分类为权益工具的金融工具（如分类为权益工具的永续债等），相关股利支出按照税收政策相关规定在企业所得税税前扣除的，企业应当在确认应付股利时，确认与股利相关的所得税影响。 借：递延所得税资产 　　贷：所得税费用

续表

项目	内容
6. 适用税率变化对已确认递延所得税资产和递延所得税负债的影响	因税收法规的变化，导致企业在某一会计期间适用的所得税税率发生变化的，企业应对已确认的递延所得税资产和递延所得税负债按照新的税率重新计量

学习心得

要点 6 所得税费用的确认与计量

项目	内容
当期所得税（即应交所得税）	应交所得税 = 应纳税所得额 × 当期适用的所得税税率 应纳税所得额 = 税前会计利润 + 纳税调整增加额 − 纳税调整减少额 上述纳税调整既包括永久性差异的调整，也包括影响损益的暂时性差异的调整，暂时性差异对应纳税所得额的调整如下： 应纳税所得额 = 税前会计利润 + 本期发生的影响损益的可抵扣暂时性差异 − 本期转回的影响损益的可抵扣暂时性差异 − 本期发生的影响损益的应纳税暂时性差异 + 本期转回的影响损益的应纳税暂时性差异
递延所得税	递延所得税（大于零为费用，小于零为收益） = （递延所得税负债的期末余额 − 递延所得税负债的期初余额） − （递延所得税资产的期末余额 − 递延所得税资产的期初余额）
所得税费用	当期所得税 + 递延所得税（费用加、收益减）

第二十章　非货币性资产交换

本章要点提示

考情解读

根据历年考情分析，本章考题以客观题为主，个别年份也考过主观题（2023年），主观题可与长期股权投资、合并财务报表、金融工具、差错更正等结合，一般4分左右，其中非货币性资产交换准则的适用范围和非货币性资产交换的认定、公允价值计量的非货币性资产交换的会计处理是本章的高频考点。

备考指南

本章介绍了非货币性资产交换的确认与计量，难度不大。备考时，应当理解好货币性资产与非货币性资产的区别，掌握非货币性资产交换的判断，重点掌握适用非货币性资产交换准则进行会计处理的情形，熟练掌握非货币性资产交换尤其是公允价值计量情况下的会计处理，适当关注多项非货币性资产交换的会计处理。

教材变化

本章内容无实质变化。

要点1 货币性资产与非货币性资产的区分

项目	货币性资产	非货币性资产
定义	货币资金和收取固定或可确定金额的货币资金的权利	货币性资产以外的资产
内容	库存现金、银行存款、应收账款、应收票据、债权投资等	预付账款、合同资产、存货、固定资产、无形资产、投资性房地产、长期股权投资、交易性金融资产、其他权益工具投资等
区别	资产在将来为企业带来的经济利益是固定或可确定的	资产在将来为企业带来经济利益不固定或不可确定的

要点② 非货币性资产交换不涉及的交易和事项

交易和事项	适用准则
1. 换出资产为存货的非货币性资产交换	《企业会计准则第 14 号——收入》
2. 企业合并中取得的非货币性资产	《企业会计准则第 20 号——企业合并》《企业会计准则第 2 号——长期股权投资》和《企业会计准则第 33 号——合并财务报表》
3. 交换的资产包括属于非货币性资产的金融资产	金融资产的确认、终止确认和计量适用《企业会计准则第 22 号——金融工具确认和计量》和《企业会计准则第 23 号——金融资产转移》
4. 非货币性资产交换中涉及使用权资产或应收融资租赁款	相关资产的确认、终止确认和计量适用《企业会计准则第 21 号——租赁》

续表

交易和事项	适用准则
5. 非货币性资产交换构成权益性交易	非货币性资产交换的一方直接或间接对另一方持股且以股东身份进行交易的，或者非货币性资产交换的双方均受同一方或相同的多方最终控制，且该非货币性资产交换的交易实质是交换的一方向另一方进行了权益性分配或交换的一方接受了另一方权益性投入的，适用权益性交易的有关会计处理规定。例如，集团重组中发生的非货币性资产划拨、划转行为，在股东或最终控制方的安排下，企业无代价或以明显不公平的代价将非货币性资产转让给其他企业或接受其他企业的非货币性资产

要点 3　换入资产确认时点与换出资产终止确认时点不一致的处理

情形	会计处理
1. 换入资产满足资产确认条件，换出资产尚未满足终止确认条件	在确认换入资产的同时将交付换出资产的义务确认为一项负债（其他应付款）。 借：换入资产等 　　贷：其他应付款
2. 换入资产尚未满足资产确认条件，换出资产满足终止确认条件	在终止确认换出资产的同时将取得换入资产的权利确认为一项资产（其他应收款）。 借：其他应收款 　　贷：换出资产等

要点4 以公允价值计量的非货币性资产交换的会计处理（有商业实质，有公允价值）

（一）换入资产入账价值的确定

项目	计算方法	
支付补价	一般情形	换入资产成本 = 换出资产公允价值 + 换出资产增值税销项税额 – 换入资产可抵扣的增值税进项税额 + 支付的应计入换入资产成本的相关税费 + 支付补价的公允价值（全部补价） 换出资产的处置损益 = 换出资产的公允价值 – 换出资产账面价值 – 为换出资产发生的相关税费（比如消费税）
	换入资产的公允价值更加可靠	换入资产成本 = 换入资产公允价值 + 支付的应计入换入资产成本的相关税费 换出资产的处置损益 =（换入资产的公允价值 + 换入资产可抵扣的增值税进项税额 – 换出资产增值税销项税额 – 支付的全部补价的公允价值）– 换出资产账面价值 – 为换出资产发生的相关税费（比如消费税）

续表

项目	计算方法	
收到补价	一般情形	换入资产成本 = 换出资产公允价值 + 换出资产增值税销项税额 – 换入资产可抵扣的增值税进项税额 + 支付的应计入换入资产成本的相关税费 – 收到补价的公允价值（全部补价） 换出资产的处置损益 = 换出资产的公允价值 – 换出资产账面价值 – 为换出资产发生的相关税费（比如消费税）
	换入资产的公允价值更加可靠	换入资产成本 = 换入资产公允价值 + 支付的应计入换入资产成本的相关税费 换出资产的处置损益 =（换入资产的公允价值 + 换入资产可抵扣的增值税进项税额 – 换出资产增值税销项税额 + 收到的全部补价的公允价值）– 换出资产账面价值 – 为换出资产发生的相关税费（比如消费税）

（二）换出资产公允价值与其账面价值差额的会计处理

项目	会计处理
投资性房地产	作为投资性房地产处置，按其公允价值确认收入，同时结转相应的成本
固定资产（无形资产）	换出资产公允价值与其账面价值的差额，计入资产处置损益
长期股权投资	计入投资收益，权益法核算的“其他综合收益”和“资本公积——其他资本公积”转入投资收益或留存收益

（三）相关税费的处理

项目	会计处理
与换出资产有关的相关税费	与出售资产相关税费的会计处理相同，如换出固定资产支付的清理费计入资产处置损益，消费税计入税金及附加等
与换入资产有关的相关税费	与购入资产相关税费的会计处理相同，如换入资产的运费和保险费计入换入资产的成本等

要点⑤ 以账面价值计量的会计处理（不允许确认损益）

情形		会计处理
不涉及补价		换入资产成本 ＝换出资产账面价值＋换出资产增值税销项税额－换入资产可抵扣的增值税进项税额＋支付的相关税费（含换入和换出）
涉及补价	支付补价	换入资产成本 ＝换出资产账面价值＋换出资产增值税销项税额－换入资产可抵扣的增值税进项税额＋支付的相关税费（含换入和换出）＋支付的补价的账面价值
	收到补价	换入资产成本 ＝换出资产账面价值＋换出资产增值税销项税额－换入资产可抵扣的增值税进项税额＋支付的相关税费（含换入和换出）－收到的补价的公允价值

要点 6 涉及多项非货币性资产交换时换入资产总成本的分摊

情形	会计处理
以换出资产的公允价值为基础计量的	处理原则：换入资产中涉及金融资产的，金融资产一般按照公允价值入账，然后将换入资产总成本扣除该金融资产公允价值后的净额（待分摊金额），按恰当的比例进行分摊
	具体分摊：换入的某非金融资产成本 = 该项非金融资产的公允价值 ÷ 换入非金融资产公允价值总额 × 待分摊金额 换入资产的公允价值不能够可靠计量的，可以按照换入各项非金融资产的原账面价值的相对比例或其他合理的比例分摊
以换入资产的公允价值为基础计量的	对于同时换入的多项资产，应当以各项换入资产的公允价值和应支付的相关税费作为各项换入资产的初始计量金额（换入资产成本不涉及分摊问题）

续表

情形	会计处理	
以账面价值为基础计量的	换入资产的公允价值能够可靠计量	分摊：换入资产成本 = 该项资产的公允价值 ÷ 换入资产公允价值总额 × 换入资产的总成本
	换入资产的公允价值不能够可靠计量	分摊：换入资产成本 = 该项资产的原账面价值 ÷ 换入资产原账面价值总额 × 换入资产的总成本 如果其他分摊比例更合理，可以采用其他分摊比例

学习心得

第二十一章　债务重组

本章要点提示

考情解读

根据历年考情分析，本章既可以考客观题也可以考主观题，可与长期股权投资、金融工具、差错更正等内容结合，一般5分左右，其中债务重组准则的适用范围和债务重组方式中以资产清偿债务的会计处理是本章的高频考点。

备考指南

本章介绍了债务重组的确认和计量，备考时应当掌握债务重组准则的适用范围，不同的债务重组方式下债权人和债务人各自的会计处理，尤其重点关注以单项资产清偿债务和以包含金融资产和非金融资产在内的多项资产清偿债务进行债务重组的会计处理。

教材变化

本章内容无实质变化。

要点 1 债务重组准则的适用范围

项目	内容
债务重组的定义	在不改变交易对手方的情况下，经债权人和债务人协定或法院裁定，就清偿债务的时间、金额或方式等重新达成协议的交易。债务重组不再强调债务人发生财务困难，也不强调债权人必须作出让步
债务重组方式	（1）债务人以资产清偿债务； （2）债务人将债务转为权益工具； （3）采用调整债务本金、改变债务利息、变更还款期限等方式修改债权和债务的其他条款； （4）组合方式
债务重组过程中不适用债务重组准则的项目或情形	（1）债务重组中涉及的债权、重组债权、债务、重组债务和其他金融工具的确认、计量和列报——适用金融工具系列准则； （2）债务重组中形成的企业合并——适用企业合并准则；

续表

项目	内容
债务重组过程中不适用债务重组准则的项目或情形	(3) 债权人或债务人中的一方直接或间接对另一方持股且以股东身份进行债务重组的，或者债权人与债务人在债务重组前后均受同一方或相同的多方最终控制，且该债务重组的交易实质是债权人或债务人进行了权益性分配或接受了权益性投入的——适用权益性交易的有关会计处理规定

学习心得

要点2　以资产清偿债务的会计处理

情形	债务人的会计处理	债权人的会计处理
债务人以金融资产清偿债务	债务的账面价值与偿债金融资产账面价值的差额，记入“投资收益”科目。原“其他综合收益”结转记入“投资收益”或“留存收益”科目（仅限于其他权益工具投资）。 借：应付账款等 　贷：银行存款、交易性金融资产、其他债权投资、其他权益工具投资等 　　投资收益（倒挤差额，或借） 借：其他综合收益 　贷：投资收益/留存收益	金融资产初始确认时应当以其公允价值计量，金融资产确认金额与债权终止确认日账面价值之间的差额，记入“投资收益”科目。 借：银行存款、交易性金融资产、债权投资、其他债权投资、其他权益工具投资 　坏账准备等 　贷：应收账款等 　　投资收益（倒挤差额，或借）

续表

情形	债务人的会计处理	债权人的会计处理
债务人以单项或多项非金融资产清偿债务，或者以包括金融资产和非金融资产在内的多项资产清偿债务	将所清偿债务账面价值与转让资产账面价值之间的差额，记入“其他收益”科目。账务处理如下： 借：应付账款等 　　存货跌价准备 　　无形资产减值准备 　　累计摊销	（1）债权人受让非金融资产：成本包括放弃债权的公允价值和使该资产达到当前位置和状态所发生的可直接归属于该资产相关税费等其他成本。放弃债权的公允价值与账面价值之间的差额，记入“投资收益”科目。 借：库存商品、长期股权投资、投资性房地产、固定资产、无形资产等 　　应交税费——应交增值税（进项税额） 　　坏账准备等 　　贷：应收账款等 　　　　银行存款（支付的交易费用） 　　　　投资收益（倒挤差额，或借）

续表

情形	债务人的会计处理	债权人的会计处理
债务人以单项或多项非金融资产清偿债务，或者以包括金融资产和非金融资产在内的多项资产清偿债务	贷：交易性金融资产、其他债权投资等 固定资产清理 无形资产 库存商品 应交税费——应交增值税（销项税额） 其他收益——债务重组收益（倒挤差额，或借）	（2）债权人受让多项资产：应当按照金融工具准则的规定确认和计量受让的金融资产，按照受让的金融资产以外的各项资产在债务重组合同生效日的公允价值比例，对放弃债权在合同生效日的公允价值扣除受让金融资产当日（生效日）公允价值后的净额进行分配，并以此为基础分别确定各项资产的成本。 放弃债权的公允价值与账面价值之间的差额，记入“投资收益”科目。 借：交易性金融资产等（债务重组日的公允价值） 固定资产、无形资产等（按照生效日公允价值比例分配计入） 坏账准备等 贷：应收账款等 投资收益（倒挤差额，或借）

要点③ 债务转为权益工具的会计处理

会计主体	账务处理
债务人	债务人初始确认权益工具时应当按照权益工具的公允价值计量，权益工具的公允价值不能可靠计量的，应当按照所清偿债务的公允价值计量。所清偿债务账面价值与权益工具确认金额之间的差额，应当计入当期损益。 借：应付账款等 　　贷：股本 　　　　资本公积——股本溢价或资本溢价 　　　　银行存款（发行费用） 　　　　投资收益（倒挤差额，或借）
债权人将债权转为对联营企业或合营企业的权益性投资	按照所放弃债权的公允价值和可直接归属于该资产的税金等其他成本计量其初始投资成本。 借：长期股权投资 　　坏账准备等 　　贷：应收账款等 　　　　银行存款 　　　　投资收益（或借）

续表

会计主体	账务处理
债权人形成对子公司的长期股权投资（按照企业合并准则处理）	（1）同一控制下企业合并： 借：长期股权投资（被合并方的所有者权益在最终控制方合并报表中的账面价值份额＋最终控制方收购被合并方形成的商誉） 　　坏账准备等 　　贷：应收账款等 　　　　资本公积（倒挤差额，或借） （2）非同一控制下企业合并： 借：长期股权投资（合并成本，即放弃债权的公允价值） 　　坏账准备等 　　贷：应收账款等 　　　　投资收益（或借）
债权人形成金融资产（按照金融工具准则处理）	借：交易性金融资产、其他权益工具投资 　　坏账准备等 　　贷：应收账款等 　　　　投资收益（放弃债权的公允价值与账面价值的差额，或借）

要点④ 以修改其他条款方式进行债务重组的会计处理

情形	会计处理
债务人的债务终止确认（构成实质性修改）	债务人应当按照公允价值计量重组债务（新债），终止确认的债务账面价值（旧债）与重组债务确认金额（新债）之间的差额，记入“投资收益”科目
债务人的债务未终止确认（不构成实质性修改）	债务人应当根据其分类，继续计量原金融负债。对于以摊余成本计量的债务，债务人应当根据重新议定合同的现金流量变化情况，重新计算（折现）该重组债务的账面价值，并将相关利得或损失记入“投资收益”科目
债权人全部债权终止确认	应当按照修改后的条款以公允价值初始计量新的金融资产（新债权），新金融资产的确认金额与债权（旧债权）终止确认日账面价值之间的差额，记入“投资收益”科目

续表

情形	会计处理
债权人的债权未终止确认	根据其分类，继续计量原金融资产。对于以摊余成本计量的债权，债权人应当根据重新议定合同的现金流量变化情况，重新计算（折现）该重组债权的账面余额，并将相关利得或损失记入“投资收益”科目

学习心得

第二十二章　外币折算

本章要点提示

考情解读

根据历年考情分析，本章以客观题为主，个别年份（2020 年和 2023 年）也可与借款费用、金融工具、合并报表等内容结合出主观题，一般 4 分左右，其中汇兑差额的计算与会计处理、外币财务报表的折算是本章的高频考点。

备考指南

本章介绍了外币交易的会计处理和外币财务报表折算的方法，学习时应当关注外币交易的会计处理，尤其是汇兑差额的计算，重点关注外币财务报表折算的方法，适当关注特殊项目的处理。

教材变化

本章删除了外币财务报表折算方法中流动和非流动法、货币性和非货币性法、时态法的理论解释。

要点 1　记账本位币的确定

项目	内容
选定记账本位币应考虑的因素	(1) 选择货币能够对企业商品和劳务销售价格起主要作用； (2) 选择货币能够对商品和劳务所需人工、材料和其他费用产生主要影响； (3) 融资活动中获得的资金以及保存从经营活动中收取款项所使用的货币
选定境外经营记账本位币应考虑的因素	(1) 境外经营对其所从事的活动是否拥有很强的自主性； (2) 境外经营活动中与企业的交易是否在境外经营中占有较大比重； (3) 境外经营活动产生的现金流量是否直接影响企业的现金流量、是否可以随时汇回； (4) 境外经营活动产生的现金流量是否足以偿还其现有债务和可预期债务

续表

项目	内容
记账本位币变更	企业选择的记账本位币只有一种，一经确定，不得随意变更，除非与确定记账本位币相关的企业经营所处的主要环境发生了重大变化。企业变更记账本位币时，采用变更当日即期汇率将所有项目折算为变更后的记账本位币，折算后的金额作为新的记账本位币的历史成本，不产生汇兑差额

学习心得

要点② 外币账户的期末调整

项目类型	具体科目	处理方法
货币性项目	应收账款、应收票据、债权投资、其他债权投资等	采用资产负债表即期汇率折算，产生的汇兑差额，计入当期损益
非货币性项目（不单独反映汇兑差额）	以历史成本计量的固定资产、无形资产、预付账款、预收账款、合同资产、合同负债等	仍采用交易发生日的即期汇率折算，不改变其记账本位币金额
	以成本与可变现净值孰低计量的存货	将以外币反映的可变现净值折算为记账本位币金额，再与以记账本位币反映的存货成本进行比较，成本高于可变现净值的差额确认为资产减值损失

续表

项目类型	具体科目	处理方法
非货币性项目（不单独反映汇兑差额）	以公允价值计量且其变动计入当期损益的股票、基金等非货币性项目（交易性金融资产）	用期末外币公允价值乘以期末即期汇率折算出记账本位币反映的公允价值，与原记账本位币反映的账面价值的差额，计入公允价值变动损益
	以公允价值计量且其变动计入其他综合收益的非交易性权益工具投资（其他权益工具投资）	用期末外币公允价值乘以期末即期汇率折算出记账本位币反映的公允价值，与原记账本位币反映的账面价值的差额，计入其他综合收益

要点③ 外币财务报表折算方法

情形	折算汇率及会计处理
资产负债表中的资产和负债项目	采用资产负债表日的即期汇率折算，所有者权益项目除“未分配利润”项目外，其他项目采用发生时的即期汇率折算
利润表中的收入和费用项目	采用交易发生日的即期汇率折算；也可以采用按照系统合理的方法确定的、与交易发生日即期汇率近似的汇率折算
外币财务报表折算差额	在合并资产负债表中所有者权益项目下的“其他综合收益”单独列示

要点4 特殊项目的处理

项目	会计处理
少数股东应分担的外币报表折算差额	按少数股东在境外经营所有者权益中享有的份额计算少数股东应分担的外币报表折算差额，并入少数股东权益列示于合并资产负债表。 借：其他综合收益 　　贷：少数股东权益 或相反
实质上构成对境外经营净投资的外币货币性项目产生的汇兑差额	(1) 实质上构成对子公司净投资的外币货币性项目以母公司或子公司的记账本位币反映，应在抵销长期应收应付项目的同时，将其产生的汇兑差额转入“其他综合收益”科目。 借：其他综合收益 　　贷：财务费用 或相反。 (2) 实质上构成对子公司净投资的外币货币性项目以母、子公司的记账本位币以外的货币反映，则应将母、子公司此项外币货币性项目产生的汇兑差额相互抵销，差额转入“其他综合收益”科目

第二十三章　财务报告

本章要点提示

考情解读

根据历年考情分析，本章主要考客观题，个别年份也与其他业务章节的内容结合考过主观题（涉及关联方披露、会计政策变更的披露等内容），一般5分左右，其中资产负债按照流动性列报、现金流量表和关联方披露是本章的高频考点。

备考指南

本章介绍了财务报表的列报和披露，涉及的考点比较多，但难度不大，主要考客观题。多做对一道选择题，多得2分，你的成绩就有可能从58分变成60分，你拿证的时间就提前了1年，因此，本章性价比很高，考生应当予以足够的重视。

教材变化

本章按照《企业会计准则解释第17号》重新编写了负债流动性划分的内容。

要点 1 资产和负债按照流动性列报

项目	内容
流动资产的划分条件（满足下列条件之一）	（1）预计在一个正常营业周期中变现、出售或耗用； （2）主要为交易目的而持有； （3）预计在资产负债表日起一年内（含一年）变现； （4）自资产负债表日起一年内，交换其他资产或清偿负债的能力不受限制的现金或现金等价物
流动负债的划分条件（满足下列条件之一）	（1）预计在一个正常营业周期中清偿； （2）主要为交易目的而持有； （3）自资产负债表日起一年内到期应予以清偿； （4）企业在资产负债表日没有将负债清偿推迟至资产负债表日后一年以上的实质性权利

续表

项目	内容
资产负债表日后事项对流动负债与非流动负债划分的影响（资产负债表日之后、即使是财务报告批准报出日前的再融资、展期或提供宽限期等行为，与资产负债表日判断负债的流动性状况无关）	（1）对于在资产负债表日起一年内到期的负债，企业拥有将清偿义务推迟至资产负债表日后一年以上的实质性权利的，应当归类为非流动负债；没有上述实质性权利的，即使在资产负债表日后、财务报告批准报出日前签订了重新安排清偿计划协议，该项负债在资产负债表日仍应当归类为流动负债。 （2）企业在资产负债表日或之前违反了长期借款协议，导致贷款人可随时要求清偿的负债，应当归类为流动负债。但是，如果贷款人在资产负债表日或之前同意提供在资产负债表日后一年以上的宽限期，在此期限内企业能够改正违约行为，且贷款人不能要求随时清偿的，在资产负债表日的此项负债并不符合流动负债的判断标准，应当归类为非流动负债。 （3）企业是否有行使将负债清偿推迟至资产负债表日后一年以上的实质性权利的主观可能性，并不影响负债的流动性划分。对于符合非流动负债划分条件的负债，即使企业有意图或者计划在资产负债表日后一年内（含一年，下同）提前清偿该负债，或者在资产负债表日至财务报告批准报出日之间已提前清偿该负债，该负债仍应归类为非流动负债

续表

项目	内容
特殊项目的分类	(1) 企业正常营业周期中的经营性负债项目即使在资产负债表日后超过一年才予以清偿的，仍应划分为流动负债。 (2) 负债的条款导致企业在交易对手方选择的情况下通过交付自身权益工具进行清偿的，如果该企业按照《企业会计准则第37号——金融工具列报》的规定将上述选择权分类为权益工具并将其作为复合金融工具的权益组成部分单独确认，则该条款不影响该项负债的流动性划分

学习心得

要点② 现金流量表特殊项目的分类

项目	现金流量类别
1. 应付账款、应付票据等商业应付款的现金流量	经营活动现金流量
2. 自然灾害损失和保险赔款的现金流量	如果属于流动资产损失，应当列入经营活动现金流量，属于固定资产损失，应列入投资活动现金流量
3. 以具有融资性质的分期付款方式购建固定资产和无形资产等时，各期支付的现金以及资本化的借款利息	属于筹资活动现金流量（借款利息不管资本化还是费用化，都属于筹资活动现金流量）
4. 企业实际收到的政府补助	无论是与资产相关还是与收益相关，均在“收到其他与经营活动有关的现金”项目填列

续表

<table>
<tr><th>项目</th><th colspan="2">现金流量类别</th></tr>
<tr><td>5. 应收账款保理、应收票据贴现</td><td colspan="2">如果符合金融资产转移终止确认条件，属于经营活动现金流量，如果不符合终止确认条件，属于筹资活动现金流量</td></tr>
<tr><td rowspan="3">6. 定期存单的质押和解除质押业务</td><td>定期存单本身不属于现金及现金等价物</td><td>质押或解除不会产生现金流量</td></tr>
<tr><td rowspan="2">定期存单本身属于现金及现金等价物</td><td>企业属于金融行业，通过定期存款质押获取短期借款的活动可能属于经营活动，相关现金流量分类为经营活动现金流量</td></tr>
<tr><td>企业为一般非金融企业，通过定期存款质押获取短期借款的活动属于筹资活动，相关现金流量应被分类为筹资活动现金流量</td></tr>
</table>

续表

项目	现金流量类别	
7. 租赁业务	按租赁准则简化处理	支付的租赁付款额、未纳入租赁负债的可变租赁付款额，以及支付的相关预付租金和租赁保证金应当计入经营活动现金流出
	非简化处理	企业应当将偿还租赁负债本金和利息所支付的现金，以及支付的预付租金和租赁保证金计入筹资活动现金流出

学习心得

要点 3 将净利润调节为经营活动现金流量

调整项目	调整思路
资产减值准备	调增
固定资产折旧、油气资产折耗、生产性生物资产折旧	调增
无形资产摊销	调增
长期待摊费用摊销	调增
处置固定资产、无形资产和其他长期资产的损失	调增（收益调减）
固定资产报废损失	调增（收益调减）
公允价值变动损失	调增（收益调减）
财务费用	调增（该项目应加的是“不属于经营活动的财务费用”）
投资损失	调增（收益调减）

续表

调整项目	调整思路
递延所得税资产减少	调增（递延所得税资产增加调减）
递延所得税负债增加	调增（递延所得税负债减少调减）
存货的减少	调增（存货的增加调减） 若存货的增减变动不属于经营活动，则不能对其进行调整
经营性应收项目的减少	调增（经营性应收项目的增加调减） 若应收项目的增减变动不属于经营活动，则不能对其进行调整
经营性应付项目的增加	调增（经营性应付项目的减少调减） 若应付项目的增减变动不属于经营活动，则不能对其进行调整

记忆技巧　好事调减，坏事调增。

要点4 报告分部的确定与分部信息的披露

项目	内容
10%重要性标准的判断（满足条件之一）	（1）分部收入/所有分部收入总额≥10%。 （2）分部利润（亏损）的绝对额/所有盈利分部利润合计额或所有亏损分部亏损合计额的绝对额两者中较大者≥10%。 （3）分部资产/所有分部资产合计额≥10%
低于10%重要性标准的选择	（1）披露该经营分部对报表使用者决策有用，可以确定为报告分部。 （2）将该经营分部与一个或一个以上具有相似经济特征、满足经营分部合并条件的其他经营分部合并，作为一个报告分部。 （3）不将该分部指定为报告分部且不与其他分部合并的，披露分部信息时，应将其与其他组成部分的信息合并，作为其他项目单独披露
报告分部75%的标准	确定为报告分部的各分部对外交易收入合计额达到企业总收入的75%。如未达到75%标准，必须增加报告分部的数量，直到达到75%

续表

项目	内容
报告分部的数量标准	通常不超过 10 个，如超过 10 个，应当将具有相似经济特征、满足经营分部合并条件的报告分部进行合并，使合并后的报告分部数量不超过 10 个
为提供可比信息确定报告分部	对于某一分部上期确定为报告分部的，但本期可能并不满足确定条件，若认为该分部仍重要，则不需考虑该分部重要性标准，仍应将其确定为本期的报告分部
分部信息的披露	（1）描述性信息（确定报告分部考虑的因素、报告分部的产品和服务的类型）。 （2）每一报告分部的利润（亏损）总额相关信息。 （3）每一报告分部的资产总额、负债总额相关信息。 （4）除已经作为报告分部信息组成部分的披露内容外，企业还应当披露的其他信息（企业对主要客户的依赖程度等）。 （5）报告分部信息总额与企业信息总额的衔接。 （6）比较信息

要点 5 关联方披露

项目	内容
构成关联方关系的情形	(1) 该企业的母公司，包括直接控制和间接控制。 (2) 该企业的子公司（包括直接或间接地被该企业控制的其他企业，也包括直接或间接地被该企业控制的企业、单位、基金等特殊目的实体）。 (3) 与该企业受同一母公司控制的其他企业。 (4) 对该企业实施共同控制的投资方。 (5) 对该企业施加重大影响的投资方。 (6) 该企业的合营企业。 (7) 该企业的联营企业。 (8) 该企业的主要投资者个人及与其关系密切的家庭成员。 (9) 该企业或其母公司的关键管理人员及与其关系密切的家庭成员。 (10) 该企业主要投资者个人、关键管理人员或与其关系密切的家庭成员控制、共同控制或施加重大影响的其他企业。 (11) 该企业关键管理人员服务的接受方在编制财务报表时，应当将服务提供方作为关联方进行相关披露；服务提供方在编制财务报表时，不应仅仅因为向服务接受方提供了关键管理人员服务就将其认定为关联方。

续表

项目	内容
构成关联方关系的情形	（12）企业与其所属企业集团的其他成员单位（包括母公司和子公司）的合营企业或联营企业。 （13）企业的合营企业与企业的其他合营企业或联营企业。 （14）该企业设立的企业年金基金也构成其关联方
不构成关联方关系的情形	（1）与该企业共同控制合营企业的合营者之间，通常不构成关联方关系。 （2）与该企业发生日常往来的资金提供者、公用事业部门、政府部门和机构，以及因与该企业发生大量交易而存在经济依存关系的单个客户、供应商、特许商、经销商或代理商之间。 （3）仅同受国家控制而不存在控制、共同控制或重大影响关系的企业。 （4）受同一方重大影响的企业之间
关联方的披露	（1）披露母公司和子公司的信息，无论是否有交易。 （2）在发生交易的情况下，披露关联方关系的性质、交易类型及交易要素。 （3）对外提供合并财务报表的，对于已经包含在合并范围内各企业之间的交易不予披露

第二十四章　会计政策、会计估计及其变更和差错更正

本章要点提示

考情解读

根据历年考情分析，本章内容在客观题和主观题中均可能出现，涉及差错更正的题目几乎年年考，一般5分左右，其中会计政策变更与会计估计变更的区分、会计政策变更追溯调整法的会计处理、差错更正是本章的高频考点。

备考指南

本章主要介绍了会计政策及其变更与会计估计及其变更的概念与区分，会计政策变更和会计估计变更的快处理，前期差错更正的会计处理。学习时重点关注会计政策与会计估计变更如何来区分，会计政策变更的追溯调整法的核算，尤其需要熟练掌握前期差错更正的会计处理。

教材变化

本章内容无实质变化。

要点 1 会计政策与会计估计及其变更的区分

项目	含义	举例
会计政策	企业在会计确认、计量和报告中所采用的原则、基础和会计处理方法	发出存货成本的计量、长期股权投资的后续计量、投资性房地产的后续计量、固定资产的初始计量、生物资产的初始计量、无形资产的确认、非货币性资产交换的计量、借款费用的处理、合并政策
会计政策变更	企业对相同的交易或事项由原来采用的会计政策改用另一会计政策的行为	投资性房地产后续计量由成本模式变更为公允价值模式、建造合同收入确认由完成合同法改为履约进度法、金融资产由四分类改为三分类等

续表

项目	含义	举例
会计估计	财务报表中具有计量不确定性的货币金额	存货可变现净值的确定、公允价值的确定、固定资产的预计使用寿命、净残值、折旧方法；生产性生物资产的预计使用寿命与净残值、折旧方法；使用寿命有限的无形资产的预计使用寿命与净残值；可收回金额按照资产组的公允价值减去处置费用后的净额确定的，确定公允价值减去处置费用后的净额的方法。可收回金额按照资产组预计未来现金流量的现值确定的，预计未来现金流量的确定；合同履约进度的确定；承租人对未确认融资费用的分摊；出租人对未实现融资收益的分配；预计负债初始计量的最佳估计数的确定
会计估计变更	由于资产和负债的当前状况及预期经济利益和义务发生了变化，从而对资产或负债的账面价值或者资产的定期消耗金额进行调整	根据会计确认、计量基础和列报项目所选择的、为取得与资产负债表项目有关的金额或数值（如预计使用寿命、净残值等）所采用的处理方法，不是会计政策，而是会计估计，其相应的变更是会计估计变更

要点② 会计政策变更和会计估计变更的会计处理

项目	内容
会计政策变更的追溯调整法的处理原则	把该项业务从发生时至比较报表最早期初这一期间的新旧政策下的净利润额差额计算出来，然后，将该项差额调整列报前期最早期初财务报表的留存收益项目，同时调整受影响的资产负债项目
追溯调整法的会计处理（以投资性房地产转换为例）	借：投资性房地产（公允价值） 　　投资性房地产累计折旧 　　投资性房地产减值准备 　　贷：投资性房地产 　　　　递延所得税资产（转回） 　　　　递延所得税负债（确认） 　　　　盈余公积 　　　　利润分配——未分配利润
会计估计变更的未来适用法	在会计估计变更当期即采用新的会计估计进行会计处理，不进行追溯调整

要点3 差错更正的会计处理

项目	内容
不重要的前期差错	采用未来适用法更正，调整发现当期与前期相同的相关项目
重要的前期差错	采用追溯重述法更正，涉及前期损益类的，通过“以前年度损益调整”科目进行调整，调整结束转入本期期初留存收益。涉及所得税的，按照所得税准则和税法规定进行处理
差错更正题目的具体处理方法	（1）当期发现的当年度的会计差错（无论重大还是非重大），应当调整当期相关项目。 （2）当期发现的以前年度非重大会计差错，其更正方法也是直接调整当期相关项目。 （3）当期发现的以前年度的重大会计差错，涉及损益的，应通过“以前年度损益调整”科目过渡，调整发现年度的期初留存收益，会计报表其他相关项目的期初数或上年数也应一并调整。如不影响损益，则调整发现年度会计报表相关项目的期初数。 （4）日后期间发现的当年度的会计差错（无论重大还是非重大），应当视同当期发现的当年度的会计差错，因此更正方法同（1）。

续表

项目	内容
差错更正题目的具体处理方法	(5) 日后期间发现的报告年度的会计差错（重大或是非重大），应当按照资产负债表日后事项中的调整事项进行处理。 (6) 日后期间发现的报告年度以前的非重大会计差错，作为报告年度的会计差错进行处理，其处理方法同 (5)。 (7) 日后期间发现的报告年度以前的重大会计差错，将差错的累积影响数调整报告年度的年初留存收益以及调整相关项目的年初数，处理方法同 (3)
更正分录编制规则	将错误的科目冲销，把正确的科目补上

学习心得

第二十五章　资产负债表日后事项

本章要点提示

考情解读

根据历年考情分析，本章内容在客观题和主观题中均可能出现，主观题往往和差错更正、收入、或有事项等内容结合出题，一般5分左右，其中资产负债表日后调整事项和非调整事项的区分、调整事项的会计处理是本章的高频考点。

备考指南

本章介绍了资产负债表日后事项的相关概念，调整事项与非调整事项的会计处理。学习时重点关注调整事项与非调整事项如何区分，熟练掌握未决诉讼（未决仲裁）、资产减值、销售折让与退回、差错更正等业务涉及调整事项的会计处理。

教材变化

本章在资产负债表日后调整事项的会计处理部分，新增了对于资产负债表日后进一步确定了之前购入资产的成本或售出资产的收入的解释。

要点 1　资产负债表日后事项的内容

类型	含义	举例
调整事项	对资产负债表日已经存在的情况提供了新的或进一步证据的事项	（1）资产负债表日后诉讼案件结案，法院判决证实了企业在资产负债表日已经存在现时义务，需要调整原先确认的与该诉讼案件相关的预计负债，或确认一项新负债。 注意：如果在资产负债表日无法确定该或有事项符合预计负债的确认条件，而在日后事项期间确定的，则不构成调整事项。 （2）资产负债表日取得确凿证据，表明某项资产在资产负债表日发生了减值或者需要调整该项资产原先确认的减值金额。 （3）资产负债表日进一步确定了资产负债表日前购入资产的成本或售出资产的收入。 （4）资产负债表日后发现了财务报表舞弊或差错
非调整事项	表明资产负债表日后发生的情况的事项	（1）资产负债表日后发生重大诉讼、仲裁、承诺； （2）资产负债表日后资产价格、税收政策、外汇汇率发生重大变化； （3）资产负债表日后因自然灾害导致资产发生重大损失；

续表

类型	含义	举例
非调整事项	表明资产负债表日后发生的情况的事项	(4) 资产负债表日后发行股票和债券以及其他巨额举债； (5) 资产负债表日后资本公积转增资本； (6) 资产负债表日后发生巨额亏损； (7) 资产负债表日后发生企业合并或处置子公司； (8) 资产负债表日后企业利润分配方案中拟分配的以及经审议批准宣告发放的现金股利或利润； (9) 非流动资产或处置组在资产负债表日至财务报告批准报出日之间满足持有待售类别划分条件
两者区分	对资产负债表日后事项，若其所表明情况在资产负债表日或之前已经存在，则属于调整事项；反之，则属于非调整事项	
注意问题	对于在报告期资产负债表日已经存在的债务，在其资产负债表日后期间与债权人达成的债务重组交易不属于资产负债表日后调整事项，不能据以调整报告期资产、负债项目的确认和计量。在报告期资产负债表中，债务重组中涉及的相关负债仍应按照达成债务重组协议前具有法律效力的有关协议等约定进行确认和计量	

要点② 资产负债表日后调整事项的会计处理

项目	内容
处理原则	对企业发生的调整事项，视同在报告年度发生，调整报告年度的财务报表。由于现金流量表采取收付实现制，所以涉及的现金流量内容不须调整。具体操作原则是： （1）涉及损益的事项，通过“以前年度损益调整”科目核算，调整后该科目的余额转入“利润分配——未分配利润”科目。在企业所得税方面，应按税收有关法律法规进行处理。 （2）涉及利润分配调整的事项，直接在“利润分配——未分配利润”科目核算。 （3）不涉及损益及利润分配的事项，调整相关科目。 （4）调整的财务报表相关项目数字包括：资产负债表日编制的财务报表相关项目的期末数或本年发生数；当期编制的财务报表相关项目的期初数或上年数；会计报表附注内容的调整

续表

项目	内容
资产负债表日后诉讼案件结案	调整上期预计数与实际数的差异，将预计负债转为其他应付款；调整上期的应交所得税并转销递延所得税；将“以前年度损益调整”科目余额转入“利润分配——未分配利润”科目；调整报告年度财务报表相关项目。会计分录如下（假定实际赔偿支出大于原预计金额）： 借：以前年度损益调整——营业外支出 　　贷：其他应付款（实际赔偿支出大于原预计金额的差额） 借：应交税费——应交所得税（实际赔偿支出金额乘以所得税税率） 　　贷：以前年度损益调整——所得税费用 借：以前年度损益调整——所得税费用 　　贷：递延所得税资产（转回） 借：预计负债（将预计负债转为其他应付款） 　　贷：其他应付款 借：其他应付款（该笔分录作为当年事项处理，不作为调整事项的分录） 　　贷：银行存款

续表

项目	内容
资产负债表日后调整原已计提的减值准备	调整或新增资产减值准备的已提数和实际数的差异；调整所涉及的递延所得税，一般不涉及应交所得税；结转“以前年度损益调整”科目余额
资产负债表日后进一步确定了之前购入资产的成本或售出资产的收入	企业销售商品附有销售退回条件的，在确认商品销售收入时应根据收入准则的相关规定对预计退回的部分作出合理估计。资产负债表日后至财务报告批准报出日之间发生的销售退回如果与之前预计的情况不一致： （1）如属于估计偏差，即企业在资产负债表日应该能够合理预见相关情况的，实际退回的金额为资产负债表日已存在的退回条款的影响提供了进一步证据，应予以调整； （2）如果属于资产负债表日后退回条件有所改变，或市场突发难以预期的重大变化导致的，则不应调整。 提示 企业销售商品未附有退回条件，也未有允许退回的惯例和预期，但资产负债表日后实际发生了退回的，应分析具体原因，如属于商品质量问题，应作为调整事项处理，如属于合同变更，则作为非调整事项处理

续表

项目	内容
资产负债表日后发现财务报表舞弊或差错	日后期间发现的当年度的会计差错（无论重大还是非重大），应当作为当年度的会计差错进行处理
	日后期间发现的报告年度的会计差错（重大或是非重大），应当按照资产负债表日后事项中的调整事项进行处理
	日后期间发现的报告年度以前的非重大会计差错，作为报告年度的会计差错进行处理
	日后期间发现的报告年度以前的重大会计差错，将差错的累积影响数调整报告年度的年初留存收益以及调整相关项目的年初数

第二十六章　企业合并

本章要点提示

考情解读

根据历年考情分析，本章内容考试以主观题为主，往往和长期股权投资、金融工具、合并财务报表等内容结合出题，一般4分左右，其中或有对价是本章的高频考点。

备考指南

本章介绍了企业合并的会计处理，备考时，除了针对同一控制和非同一控制下企业合并的一般性会计处理以外，重点掌握同一控制下企业合并与非同一控制下企业合并涉及或有对价的会计处理，适当关注反向购买的会计处理。

教材变化

本章内容无实质变化。

要点1 同一控制下企业合并涉及的或有对价

初始投资时，应按照或有事项准则的规定，判断是否应就或有对价确认预计负债或者确认资产，以及应确认的金额；确认预计负债或资产的，该预计负债或资产金额与后续或有对价结算金额的差额不影响当期损益，而应当调整资本公积（资本溢价或股本溢价），资本公积（资本溢价或股本溢价）不足冲减的，调整留存收益。

项目	确认或有对价	结算或有对价
或有对价涉及负债的确认	借：长期股权投资 贷：银行存款等 预计负债 资本公积——资本溢价/股本溢价［倒挤差额，或借］	借：预计负债 贷：银行存款 资本公积——资本溢价/股本溢价［或借］
或有对价涉及资产的确认	借：长期股权投资 其他应收款 贷：银行存款等 资本公积——资本溢价/股本溢价［倒挤差额，或借］	借：银行存款 贷：其他应收款 资本公积——资本溢价/股本溢价［或借］

要点② 非同一控制下企业合并涉及的或有对价

1. 购买日或有对价的处理

会计准则规定，购买方应当将合并协议约定的或有对价作为企业合并转移对价的一部分，按照其在购买日的公允价值计入企业合并成本。

项目	账务处理
（1）或有对价符合权益工具和金融负债定义	借：长期股权投资 　贷：银行存款 　　交易性金融负债
（2）或有对价符合金融资产定义及其确认条件	借：长期股权投资 　交易性金融资产 　贷：银行存款等

2. 购买日后或有对价的处理

<table>
<tr><th>项目</th><th colspan="2">账务处理</th></tr>
<tr><td>(1) 购买日12个月内出现对购买日已存在情况的新的或进一步证据需要调整或有对价的，应当予以确认并调整合并成本和商誉</td><td colspan="2">借：长期股权投资
　　贷：交易性金融负债
或相反。
借：交易性金融资产
　　贷：长期股权投资
或相反</td></tr>
<tr><td rowspan="2">(2) 其他情况下发生的或有对价变化或调整，应当区分情况进行会计处理（不调整合并成本和商誉）</td><td>①或有对价为权益性质的</td><td>不进行会计处理</td></tr>
<tr><td>②或有对价为金融资产或金融负债性质：按照公允价值计量，且公允价值变动计入当期损益</td><td>借：交易性金融资产
　　贷：公允价值变动损益
或相反。
借：公允价值变动损益
　　贷：交易性金融负债
或相反</td></tr>
</table>

要点③ 反向购买

项目	内容
企业合并成本的计算	合并成本 =（会计上购买方原普通股股数 × 法律上母公司的持股比例 ÷ 购买方原股东在合并后报告主体占的股权比例 - 会计上购买方原普通股股数 × 法律上母公司的持股比例）× 购买方每股股票的公允价值 考题如果通过客观题的形式考查合并成本的计算，可以直接用被购买方（法律上母公司）发行在外的普通股股数乘以每股股票的公允价值来计算
合并财务报表的编制	除了股本的结构（股数）、少数股东权益、每股收益计算公式的分母体现正向购买以外，合并报表其余项目的计算均体现“反向”。 （1）合并财务报表中，法律上子公司的资产、负债应以其在合并前的账面价值进行确认和计量。 （2）合并财务报表中的留存收益和其他权益余额应当反映的是法律上子公司在合并前的留存收益和其他权益余额。 （3）合并财务报表中的权益性工具的金额应当反映法律上子公司合并前发行在外的股份面值以及假定在确定该项企业合并成本过程中新发行的权益性工具的金额。但是，在合并财务报表中的权益结构应当反映法律上母公司的权益结构，即法律上母公司发行在外权益性证券的数量和种类。

续表

项目	内容
合并财务报表的编制	(4) 法律上母公司的有关可辨认资产、负债在并入合并财务报表时，应以其在购买日确定的公允价值进行合并，企业合并成本大于合并中取得的法律上母公司（被购买方）可辨认净资产公允价值的份额体现为商誉，小于合并中取得的法律上母公司（被购买方）可辨认净资产公允价值的份额确认为合并当期损益。 (5) 合并财务报表的比较信息应当是法律上子公司的比较信息（即法律上子公司的前期合并财务报表）。 (6) 法律上子公司的有关股东在合并过程中未将其持有的股份转换为法律上母公司股份的，该部分股东享有的权益份额在合并财务报表中应作为少数股东权益列示。因法律上子公司的部分股东未将其持有的股份转换为法律上母公司的股权，其享有的权益份额仍仅限于对法律上子公司的部分，该部分少数股东权益反映的是少数股东按持股比例计算享有法律上子公司合并前净资产账面价值的份额。 另外，对于法律上母公司的所有股东，虽然该项合并中其被认为是被购买方，但其享有合并形成报告主体的净资产及损益，不应作为少数股东权益列示

续表

项目	内容
每股收益的计算	发生反向购买当期，分段计算发行在外普通股加权平均数： (1) 自当期期初至购买日，发行在外的普通股数量应假定为在该项合并中法律上母公司向法律上子公司股东发行的普通股数量。 (2) 自购买日至期末发行在外的普通股数量为法律上母公司实际发行在外的普通股股数。 反向购买后对外提供比较合并财务报表的，其比较前期合并财务报表中的基本每股收益，应以法律上子公司在每一比较报表期间归属于普通股股东的净损益除以在反向购买中法律母公司向法律上子公司股东发行的普通股股数计算确定（把购买方股数换成被购买方的）

学习心得

第二十七章　合并财务报表

本章要点提示

考情解读

根据历年考情分析，本章内容在考试时客观题和主观题中均可出现，以主观题为主，往往和长期股权投资、企业合并、所得税、收入、借款费用、非货币性资产交换等内容结合出题，一般23分左右，其中编制合并财务报表时抵销分录的编制、合并财务报表相关项目数字的计算、特殊业务在合并财务报表中的会计处理是本章的高频考点。

备考指南

本章介绍了合并财务报表的编制，是本门课程的最高潮，属于重点加难点章节。备考时，应当掌握长期股权投资与所有者权益的合并处理、内部债权债务的合并处理、内部商品交易的合并处理、内部固定和无形资产交易的合并处理、特殊交易在合并报表中的会计处理，以及所得税会计的合并处理，适当关注合并范围的确定以及编制合并财务报表的前期准备工作。

∴ 教材变化

本章新增了多次交易分步取得股权实现非同一控制下企业合并中关于一揽子交易会计处理的表述，新增了处置子公司股权丧失控制权时母公司对原子公司应收款项会计处理原则的表述。

要点1 同一控制下企业合并长期股权投资与所有者权益的合并处理

情形	会计处理
合并日	母公司长期股权投资与子公司所有者权益的抵销： 借：股本 　　资本公积 　　其他综合收益 　　盈余公积 　　未分配利润 　　贷：长期股权投资 　　　　少数股东权益［子公司所有者权益×少数股东持股比例］ 以母公司资本公积——资本溢价为限，将合并日以前子公司实现的其他综合收益与留存收益进行恢复： 借：资本公积 　　贷：其他综合收益（母公司持股比例部分） 　　　　盈余公积（母公司持股比例部分） 　　　　未分配利润（母公司持股比例部分）

续表

情形	会计处理
合并日后	（1）将长期股权投资成本法核算的结果调整为权益法核算的结果。 ①调整被投资单位实现的盈亏。 借：长期股权投资 　　贷：投资收益 或编制相反分录。 ②调整被投资单位分派的现金股利。 借：投资收益 　　贷：长期股权投资 ③调整子公司发生的其他综合收益变动。 借：长期股权投资 　　贷：其他综合收益 或编制相反分录。 ④调整子公司发生的其他所有者权益变动。 借：长期股权投资 　　贷：资本公积

续表

情形	会计处理
合并日后	或编制相反分录。 第二年及以后连续编制合并财务报表时，继续编制上述调整分录，只不过需要将损益类项目换成“年初未分配利润”。 （2）合并抵销处理。 ①母公司长期股权投资与子公司所有者权益的抵销。 借：股本 　　资本公积 　　其他综合收益 　　盈余公积 　　未分配利润 　　贷：长期股权投资 　　　　少数股东权益［子公司所有者权益×少数股东持股比例］ 以母公司资本公积——资本溢价为限，将合并日以前子公司实现的其他综合收益与留存收益进行恢复：

续表

情形	会计处理
合并日后	借：资本公积 　　贷：其他综合收益（母公司持股比例部分） 　　　　盈余公积（母公司持股比例部分） 　　　　未分配利润（母公司持股比例部分） 在合并财务报表中，子公司少数股东分担的当期亏损超过了少数股东在该子公司期初所有者权益中享有份额的（即发生超额亏损），其余额仍应当冲减少数股东权益，即少数股东权益可以出现负数（实体理论）。 ②母公司的投资收益与子公司当年利润分配的抵销处理。 借：投资收益 　　少数股东损益 　　年初未分配利润 　　贷：提取盈余公积 　　　　对所有者（或股东）的分配 　　　　年末未分配利润

要点② 非同一控制下企业合并长期股权投资与所有者权益的合并处理

情形	会计处理
购买日	（1）将子公司各项可辨认资产负债由账面价值调整为公允价值。 借：固定资产——原价/无形资产/存货等 　　贷：资本公积 借：资本公积 　　贷：递延所得税负债 （2）母公司长期股权投资与子公司所有者权益的抵销。 借：股本 　　资本公积 　　其他综合收益 　　盈余公积 　　未分配利润 　　商誉［借方差额］ 　　贷：长期股权投资 　　　　少数股东权益［子公司所有者权益×少数股东持股比例］

续表

情形	会计处理
购买日后	(1) 对子公司个别财务报表进行调整。 根据母公司在购买日设置的备查簿中登记的该子公司有关可辨认资产、负债的公允价值，对子公司的个别财务报表进行调整，使子公司的个别财务报表反映为在购买日公允价值基础上确定的可辨认资产、负债等在本期资产负债表日应有的金额。 调整分录（以管理用固定资产为例，假定固定资产公允价值大于账面价值）如下： ①投资当年： 借：固定资产——原价［调整固定资产原值］ 　　贷：资本公积 借：资本公积 　　贷：递延所得税负债 借：管理费用［当年按公允价值与账面价值差额应补提折旧］ 　　贷：固定资产——累计折旧 借：递延所得税负债［转回］ 　　贷：所得税费用

续表

情形	会计处理
购买日后	②连续编制合并财务报表： 借：固定资产——原价［调整固定资产原值］ 　　贷：资本公积——年初 借：资本公积——年初 　　贷：递延所得税负债 借：年初未分配利润［以前年度累计补提折旧］ 　　贷：固定资产——累计折旧 借：递延所得税负债 　　贷：年初未分配利润［以前年度累计转回递延所得税负债］ 借：管理费用［当年补提的折旧额］ 　　贷：固定资产——累计折旧 借：递延所得税负债［当年的转回额］ 　　贷：所得税费用 （2）长期股权投资由成本法调整为权益法。 长期股权投资成本法核算的结果调整为权益法核算的结果的会计处理与同一

续表

情形	会计处理
购买日后	控制下企业合并的调整处理类似，但非同一控制下根据子公司发生的盈亏调整长期股权投资时，需要先根据子公司可辨认资产、可辨认负债购买日评估增值或减值的相关调整分录对子公司账面净利润进行调整。 子公司调整后的净利润 = 账面净利润 - [评估增值的固定资产（无形资产）补提折旧（摊销）- 评估增值存货实现销售调增的营业成本 + 应收款项评估减值的实现增加的利润] × (1 - 25%) (3) 抵销分录。 ①母公司长期股权投资与子公司所有者权益的抵销： 借：股本 　　资本公积 　　其他综合收益 　　盈余公积 　　年末未分配利润 [年初未分配利润 + 子公司调整后的净利润 - 子公司提取盈余公积 - 子公司分配现金股利]

续表

情形	会计处理
购买日后	商誉［借方差额］ 贷：长期股权投资 少数股东权益［子公司所有者权益×少数股东持股比例］ ②母公司的投资收益与子公司当年利润分配的抵销处理： 借：投资收益 少数股东损益 年初未分配利润 贷：提取盈余公积 对所有者（或股东）的分配 年末未分配利润 计算子公司调整后净利润时，只考虑投资时点评估增值的影响，内部交易不考虑。针对内部逆流交易未实现的损益，单独编制调整抵销少数股东权益和少数股东损益的分录

要点③ 内部债权债务的合并处理

项目	会计处理
内部债权债务项目本身的抵销	借：债务类项目 　　贷：债权类项目
内部投资收益（利息收入）和利息费用的抵销	借：投资收益 　　贷：财务费用/在建工程等
内部应收账款计提坏账准备的抵销	（1）发生当年： 借：应收账款——坏账准备 　　贷：信用减值损失
	（2）连续编制合并财务报表： ①将上期抵销的资产减值损失对本期期初未分配利润的影响抵销（抄、替换）：

续表

项目	会计处理
内部应收账款计提坏账准备的抵销	借：应收账款——坏账准备 　　贷：年初未分配利润 ②将本期计提（或冲回）的坏账准备数额抵销，抵销分录与计提（或冲回）分录借贷方向相反，即： 借：应收账款——坏账准备 　　贷：信用减值损失 或编制相反分录

学习心得

要点 4　内部存货交易的合并处理

<table>
<tr><th>项目</th><th>会计处理</th></tr>
<tr><td rowspan="2">内部销售收入、内部销售成本和未实现内部销售利润的抵销</td><td>（1）交易发生当年。
借：营业收入（内部销售方售价）
　　贷：营业成本（倒挤）
　　　　存货（期末结存存货中包含的未实现内部销售利润）
期末结存存货中包含的未实现内部销售利润 = 期末内部购销形成的存货价值 × 内部销售方的毛利率，或 =（内部销售方售价 − 内部销售方成本）× 期末结存存货的比例</td></tr>
<tr><td>（2）连续编制合并财务报表（三步曲）。
①假定上期未实现内部销售商品全部对集团外销售：
借：年初未分配利润（上期末存货中包含的未实现内部销售利润）
　　贷：营业成本
②假定当期内部购进商品全部对集团外销售：
借：营业收入
　　贷：营业成本</td></tr>
</table>

续表

项目	会计处理
内部销售收入、内部销售成本和未实现内部销售利润的抵销	③期末抵销未实现内部销售利润： 借：营业成本 　　贷：存货
存货跌价准备的合并处理	（1）交易发生当年。 站在集团整体的角度看应抵销的金额，存货跌价准备的抵销应以存货中包含的未实现内部销售利润为限。抵销分录如下： 借：存货——存货跌价准备 　　贷：资产减值损失
	（2）连续编制合并财务报表（三步曲）。 ①首先，抵销存货跌价准备期初数（抄＋替换）： 借：存货——存货跌价准备 　　贷：年初未分配利润

续表

项目	会计处理
存货跌价准备的合并处理	②然后，抵销个别报表本期销售存货结转的存货跌价准备： 借：营业成本 　　贷：存货——存货跌价准备 ③最后，抵销个别报表补提或者转回的存货跌价准备： 借：存货——存货跌价准备 　　贷：资产减值损失 或编制相反分录

学习心得

要点⑤ 内部固定资产、无形资产交易的合并处理

1. 内部交易固定资产（或无形资产）持有期间的抵销

（1）交易发生当年。

项目	抵销分录
将本期购入的固定资产（或无形资产）原价中包含的未实现内部销售利润抵销	①一方销售商品，另一方购入后作为固定资产（或无形资产）。 借：营业收入 　　贷：营业成本 　　　　固定资产/无形资产——原价［本期购入的固定资产或无形资产原价中包含的未实现内部销售利润］ ②一方销售固定资产（或无形资产），另一方购入后仍作为固定资产（或无形资产）。 借：资产处置收益 　　贷：固定资产/无形资产——原价
将本期多提折旧或摊销抵销	借：固定资产/无形资产——累计折旧/累计摊销［本期多提折旧或摊销额］ 　　贷：管理费用等

（2）连续编制合并财务报表。

项目	抵销分录
①将期初固定资产（或无形资产）原价中包含的未实现内部销售利润抵销	借：年初未分配利润 　贷：固定资产/无形资产——原价［期初固定资产或无形资产原价中包含的未实现内部销售利润］
②将期初累计多提折旧或摊销抵销	借：固定资产/无形资产——累计折旧/累计摊销［以前年度累计多提的折旧或摊销额］ 　贷：年初未分配利润
③将本期多提折旧或摊销抵销	借：固定资产/无形资产——累计折旧/累计摊销［本期多提的折旧或摊销额］ 　贷：管理费用等

2. 发生变卖或报废情况下内部固定资产（或无形资产）交易的抵销

发生变卖情况，将上述抵销分录中的“固定资产（或无形资产）——原价”项目和“固定资产（或无形资产）——累计折旧（或累计摊销）”项目用“资产处置收益”项目代替。

发生报废情况，将上述抵销分录中的“固定资产（或无形资产）——原价”项目和“固定资产（或无形资产）——累计折旧（或累计摊销）”项目用营业外收支项目代替。

项目	抵销分录
（1）将期初固定资产（或无形资产）原价中未实现内部销售利润抵销	借：年初未分配利润 贷：资产处置收益/营业外收入/营业外支出［期初固定资产或无形资产原价中包含的未实现内部销售利润］
（2）将期初累计多提折旧或摊销抵销	借：资产处置收益/营业外收入/营业外支出［以前年度累计多提的折旧或摊销额］ 贷：年初未分配利润
（3）将本期多提折旧或摊销抵销	借：资产处置收益/营业外收入/营业外支出［本期多提的折旧或摊销额］ 贷：管理费用等

要点⑥ 所得税相关的合并处理

项目	会计处理
1. 内部应收款项相关所得税的合并处理	（1）交易发生当年。 借：所得税费用［坏账准备余额×所得税税率］ 　　贷：递延所得税资产 （2）连续编制合并财务报表。 ①首先抵销上期所得税费用对本期期初未分配利润的影响（抄）。 借：年初未分配利润［期初坏账准备余额×所得税税率］ 　　贷：递延所得税资产 ②然后抵销个别报表（内部债权方）中递延所得税资产本期发生额（期末期初余额的差额）。 个别报表递延所得税资产的期末余额＝期末坏账准备余额×所得税税率 a. 坏账准备期末余额大于期初余额（个别报表补提）。 借：所得税费用［坏账准备增加额×所得税税率］ 　　贷：递延所得税资产 b. 坏账准备期末余额小于期初余额（个别报表转回）。 借：递延所得税资产 　　贷：所得税费用［坏账准备减少额×所得税税率］

续表

项目	会计处理
2. 内部存货交易相关所得税会计的合并处理	(1) 交易发生当年。 借：递延所得税资产［本期合并工作底稿上递延所得税资产的调整金额］ 　　贷：所得税费用 (2) 连续编制合并财务报表。 ①调整合并报表层面递延所得税资产期初数（抄）。 借：递延所得税资产 　　贷：年初未分配利润 ②调整合并报表层面本期递延所得税资产的发生额。 确认递延所得税时，只需看本期所编制的内部交易抵销分录中“存货”项目（不需考虑其明细项目的差异）账面价值增减变动了多少，因抵销分录不影响存货的计税基础，所以“存货”项目账面价值减少多少，就产生了多少可抵扣暂时性差异，以该差异乘以税率，即为本期合并报表上递延所得税资产的期末余额，再减去期初数（从上期抄过来的），即为本期递延所得税资产的调整金额。 借：递延所得税资产 　　贷：所得税费用 或编制相反分录

续表

项目	会计处理
3. 内部固定资产交易等相关所得税会计的合并处理	（1）交易发生当年。 借：递延所得税资产 　　贷：所得税费用 （2）连续编制合并财务报表。 ①调整合并报表层面递延所得税资产期初数（抄）。 借：递延所得税资产 　　贷：年初未分配利润 ②调整合并报表层面本期递延所得税资产的发生额。 原理同存货

学习心得

要点⑦ 特殊交易在合并财务报表中的会计处理

项目	会计处理
购买子公司少数股东股权	母公司购买子公司少数股东拥有的子公司股权的，在合并财务报表中，因购买少数股权新取得的长期股权投资与按照新增持股比例计算应享有子公司自购买日或合并日开始持续计算的可辨认净资产份额之间的差额，应当调整母公司个别报表中的资本公积（资本溢价或股本溢价），资本公积不足冲减的，调整留存收益。调整分录如下： 借：资本公积 　　贷：长期股权投资 或作相反分录。 子公司自购买日开始持续计算的可辨认净资产＝购买日子公司可辨认净资产＋子公司累计实现的调整后的净利润－子公司分配的现金股利±子公司实现的其他综合收益±子公司实现的其他权益变动

续表

<table>
<tr><th>项目</th><th>会计处理</th></tr>
<tr><td rowspan="2">通过多次交易实现非同一控制下企业合并</td><td>1. 构成“一揽子交易”
(1) 一揽子交易的认定（符合下列一种或多种情况）。
①交易是同时或者在考虑了彼此影响的情况下订立的；
②交易整体才能达成一项完整的商业结果；
③一项交易的发生取决于至少一项其他交易的发生；
④一项交易单独看是不经济的，但是和其他交易一并考虑时是经济的。
(2) 会计处理（按一项取得控制权的交易处理）。
如果双方协议约定，若购买方最终未取得控制权，一揽子交易将整体撤销，并返还购买方已支付价款，购买方应按照相关规定恰当确定购买日和企业合并成本，在取得控制权时确认长期股权投资，取得控制权之前已支付的款项应作为预付投资款项处理。</td></tr>
<tr><td>2. 不构成“一揽子交易”
(1) 原投资为金融资产。
个别报表调公允（先卖后买），“其他综合收益”转“留存收益”，合并报表不需调整。个别报表账务处理如下（针对原投资部分）：</td></tr>
</table>

续表

项目	会计处理
通过多次交易实现非同一控制下企业合并	借：长期股权投资 　　贷：交易性金融资产 　　　　投资收益（公允价值与账面价值的差额，或借） 或者： 借：长期股权投资 　　贷：其他权益工具投资 　　　　留存收益（公允价值与账面价值的差额，或借） （2）原投资为长期股权投资（权益法）。 个别报表维持账面，合并报表调公允（先卖后买），“其他综合收益”“资本公积——其他资本公积”转“投资收益”或“留存收益”。合并报表调整分录如下（针对原投资部分）： 借：长期股权投资 　　贷：长期股权投资 　　　　投资收益（公允价值与账面价值的差额，或借）
不丧失控制权情况下处置部分对子公司投资	母公司在不丧失控制权的情况下部分处置对子公司的长期股权投资的，处置价款与处置长期股权投资相对应享有子公司自购买日或合并日开始持续计算的净资产份额之间的差额，应当调整资本公积（资本溢价或股本溢价），资本公积不足冲减的，调整留存收益。

续表

项目	会计处理
不丧失控制权情况下处置部分对子公司投资	调整分录如下： 借：投资收益［冲减个别报表确认的投资收益］ 　　贷：留存收益、其他综合收益、资本公积等［出售投资部分在合并报表层面所做的权益法调整］
丧失控制权情况下处置部分对子公司投资	1. 一次交易 （1）一般处理原则。 ①终止确认原子公司相关资产负债、商誉等的账面价值，并终止确认少数股东权益（包括属于少数股东的其他综合收益）的账面价值。 ②按照丧失控制权日的公允价值重新计量剩余股权，按剩余股权对被投资方的影响程度，作为长期股权投资或金融工具进行核算（先卖后买）。 ③处置股权取得的对价与剩余股权的公允价值之和，减去按原持股比例计算应享有原有子公司自购买日开始持续计算的可辨认净资产账面价值份额与商誉之和，形成的差额计入丧失控制权当期的投资收益。 ④与原有子公司股权投资相关的其他综合收益、其他所有者权益变动，应当在丧失控制权时转入当期损益，不允许重分类进损益的其他综合收益除外。

续表

项目	会计处理
丧失控制权情况下处置部分对子公司投资	(2) 具体会计处理。 ①未丧失重大影响。 A. 个别报表。 将剩余投资由成本法追溯调整为权益法。 B. 合并报表（先卖后买）。 a. 合并报表当期的处置投资收益 =（处置股权取得的对价 + 剩余股权公允价值）- 原有子公司自购买日开始持续计算的可辨认净资产 × 原持股比例 - 商誉 + 其他综合收益（允许转损益的）、其他所有者权益变动 × 原持股比例 b. 调整分录如下： 剩余股权由账面价值调为公允价值： 借：长期股权投资 　　贷：投资收益 对个别报表处置收益归属期进行调整： 借：投资收益（个别报表多确认的）

续表

项目	会计处理
丧失控制权情况下处置部分对子公司投资	贷：留存收益、其他综合收益等（卖掉的股权部分按照权益法所做的调整） 其他综合收益结转： 借：其他综合收益 　　贷：投资收益或留存收益 ②丧失重大影响。 a. 个别报表（先卖后买）。 将剩余投资按照公允价值转为金融资产，差额计入投资收益。 b. 合并报表（先卖后买）。 合并报表当期的处置投资收益的计算同第一种情形
	2. 多次交易 （1）不构成一揽子交易。 在丧失对子公司控制权以前的各项交易，应按照不丧失控制权的情况下部分处置对子公司长期股权投资的规定进行会计处理（权益性交易）。 （2）构成一揽子交易。

续表

项目	会计处理
丧失控制权情况下处置部分对子公司投资	应将各项交易作为一项处置原有子公司并丧失控制权的交易进行会计处理，其中，对于丧失控制权之前的每一次交易，处置价款与处置投资对应的享有该子公司自购买日开始持续计算的净资产账面价值的份额之间的差额，在合并财务报表中应当计入其他综合收益，在丧失控制权时一并转入丧失控制权当期的损益
因子公司少数股东增资导致母公司股权稀释（被动稀释）	1. 丧失控制权（但保留共同控制或重大影响） （1）个别报表。 ①按照新的持股比例确认本投资方应享有的原子公司因增资扩股而增加净资产的份额，与应结转持股比例下降部分所对应的长期股权投资原账面价值之间的差额计入当期损益（投资收益）。计算公式： 投资收益＝增资金额×最新持股比例－下降比例占原比例的比值×长期股权投资原账面价值 ②按照新的持股比例视同自取得投资时即采用权益法核算进行追溯调整。 （2）合并报表。 参照主动稀释丧失控制权处理。

续表

项目	会计处理
因子公司少数股东增资导致母公司股权稀释（被动稀释）	2. 未丧失控制权 如果由于子公司的少数股东对子公司进行增资，导致母公司股权稀释但未丧失控制权，母公司应当按照增资前的股权比例计算其在增资前子公司账面净资产中的份额，该份额与增资后按母公司持股比例计算的在增资后子公司账面净资产份额之间的差额计入资本公积，资本公积不足冲减的，调整留存收益（权益性交易）
逆流交易的合并处理	如果母子公司之间发生逆流交易，则所发生的未实现内部交易损益，应当按照母公司对该子公司的分配比例在“归属于母公司所有者的净利润”和“少数股东损益”之间分配抵销。 子公司之间出售资产所发生的未实现内部交易损益，应当按照母公司对出售方子公司的持股比例在“归属于母公司所有者的净利润”和“少数股东损益”之间分配抵销。抵销分录如下： 借：少数股东权益

续表

项目	会计处理
逆流交易的合并处理	贷：少数股东损益（内部逆流交易抵销分录减少的子公司净利润×少数股东持股比例） 第二年连续编制合并财务报表时，上述分录重新做，将“少数股东损益”换成“年初未分配利润”

学习心得

第二十八章 每股收益

本章要点提示

考情解读

根据历年考情分析，本章考题以客观题为主，但也可与股份支付、金融工具、合并财务报表等内容结合考主观题，一般4分左右，其中稀释每股收益的计算和每股收益的重新计算是本章的高频考点。

备考指南

本章介绍了每股收益的计算与列报，备考时应当在理解好公式的基础上，掌握基本每股收益和稀释每股收益的计算以及每股收益的重新计算。根据以往经验，考生学完合并财务报表后，已经筋疲力尽，所以往往容易忽略对本章内容的学习，其实本章内容难度不大，比较容易得分，学习时要在做题中掌握公式的运用。

教材变化

本章新增了授予员工股份期权计算稀释每股收益的表述。

要点 1 基本每股收益的计算

项目	内容
计算公式	基本每股收益＝归属于普通股股东的当期净利润/发行在外普通股的加权平均数
分子的确定	1. 以合并财务报表为基础计算的每股收益 分子应当是归属于母公司普通股股东的当期合并净利润，即扣减少数股东损益后的余额。 算法一：合并净利润－少数股东损益 算法二：母公司归属于普通股股东的净利润＋子公司净利润归属于母公司普通股股东的部分
	2. 以母公司个别财务报表为基础计算的每股收益 分子应当是归属于母公司全部普通股股东的当期净利润
分母的确定	发行在外普通股加权平均数＝期初发行在外普通股股数＋当期新发行普通股股数×（已发行时间÷报告期时间）－当期回购普通股股数×（已回购时间÷报告期时间）

要点 2　可转债、认股权证与股份期权等稀释每股收益的计算

项目	内容
可转换公司债券	稀释每股收益 =（净利润 + 假设转换时增加的净利润）/（发行在外普通股加权平均数 + 假设转换所增加的普通股股数加权平均数）
认股权证、股份期权	对于盈利企业，认股权证和股份期权等的行权价格低于当期普通股平均市场价格时，应当考虑其稀释性。 稀释每股收益 = 净利润/（发行在外普通股加权平均数 + 假设行权所增加的普通股股数加权平均数） 增加的普通股股数 = 拟行权时转换的普通股股数 − 行权价格 × 拟行权时转换的普通股股数/当期普通股平均市场价格
企业承诺将回购其股份的合同	回购价格高于当期普通股平均市场价格时，应当考虑其稀释性。 增加的普通股股数 = 承诺回购的普通股股数 × 回购价格 ÷ 当期普通股平均市场价格 − 承诺回购的普通股股数

要点③ 限制性股票每股收益的计算

（一）等待期内基本每股收益的计算

情形	分子	分母
现金股利可撤销	应扣除当期分配给预计未来可解锁限制性股票持有者的现金股利	不应包含限制性股票的股数
现金股利不可撤销	应扣除归属于预计未来可解锁限制性股票的净利润	不应包含限制性股票的股数

（二）等待期内稀释每股收益的计算

项目	解锁条件仅为服务期限条件	解锁条件包含业绩条件
稀释性的判断	行权价格低于公司当期普通股平均市场价格时，应当考虑其稀释性，计算稀释每股收益	公司应假设资产负债表日即为解锁日，并据以判断资产负债表日的实际业绩情况是否满足解锁要求的业绩条件

续表

项目	解锁条件仅为服务期限条件	解锁条件包含业绩条件
计算原理	锁定期内计算稀释每股收益时，分子应加回计算基本每股收益分子时已扣除的当期分配给预计未来可解锁限制性股票持有者的现金股利或归属于预计未来可解锁限制性股票的净利润	若满足业绩条件的，应当参照上述解锁条件仅为服务期限条件的有关规定计算稀释每股收益；若不满足业绩条件的，计算稀释性每股收益时不必考虑此限制性股票的影响。企业授予员工股份期权的，也应区分行权条件仅为服务条件，还是同时包含业绩条件，根据上述原则判断是否需考虑其稀释性，如果需要考虑稀释性，则计算原理与限制性股票一致。对于股份期权而言，分子通常不涉及股利的调整。分母计算稀释性潜在普通股时使用的行权价格 = 期权的行权价 + 资产负债表日尚未取得的职工服务的公允价值
行权价格	行权价格 = 限制性股票的发行价格（授予价格）+ 资产负债表日尚未取得的职工服务的公允价值（每股限制性股票在授予日的公允价值 × 剩余等待期/等待期）	
计算公式	稀释每股收益 = 当期净利润 ÷（普通股加权平均数 + 调整增加的普通股加权平均数）= 当期净利润 ÷［普通股加权平均数 +（限制性股票股数 − 限制性股票股数 × 行权价格 ÷ 当期普通股平均市场价格）］	

要点4 多项潜在普通股稀释每股收益的计算

项目	内容
计算原理	为了反映潜在普通股最大的稀释作用，应当按照各潜在普通股的稀释程度从大到小的顺序计入稀释每股收益，直至稀释每股收益达到最小值
稀释程度衡量	增量股每股收益＝假定稀释性潜在普通股转换为普通股将增加的归属于普通股股东的当期净利润/假定转股增加的普通股股数
稀释程度判断	增量股每股收益越小的潜在普通股稀释程度越大。通常情况下，股份期权和认股权证排在前面计算，因为其假设行权一般不影响净利润（增量股每股收益为0）

要点⑤ 子公司发行的潜在普通股

项目	计算公式
合并基本每股收益	合并基本每股收益=(母公司普通股股东净利润+子公司基本每股收益×归属于母公司普通股股数)/母公司发行在外的普通股加权平均数
合并稀释每股收益	合并稀释每股收益=(母公司普通股股东净利润+子公司稀释每股收益×归属于母公司原普通股股数+子公司稀释每股收益×归属于母公司调整增加的普通股股数)/母公司发行在外的普通股加权平均数 其中：归属于母公司调整增加的普通股股数=子公司调整增加普通股股数×母公司持有子公司发行的潜在普通股份数/子公司发行的潜在普通股份数

要点 6 重新计算每股收益

项目	会计处理
派发股票股利、公积金转增资本、拆股和并股	虽然会增加或减少其发行在外普通股或潜在普通股的数量，但并不影响所有者权益金额，即意味着同样的损益现在要由扩大或缩小了的股份规模来享有或分担。为了保持会计指标的前后期可比性，企业应当在相关报批手续全部完成后，按调整后的股数重新计算各列报期间的每股收益。上述变化发生于资产负债表日至财务报告批准报出日之间的，应当以调整后的股数重新计算各列报期间的每股收益
配股	调整系数＝行权前发行在外普通股的每股公允价值÷每股理论除权价格 每股理论除权价格＝（行权前发行在外普通股的公允价值总额＋配股收到的款项）÷行权后发行在外的普通股股数 因配股重新计算上年度基本每股收益＝上年度基本每股收益÷调整系数 本年度基本每股收益＝归属于普通股股东的当期净利润÷（配股前发行在外普通股股数×调整系数×配股前普通股发行在外的时间权重＋配股后发行在外普通股加权平均数）

续表

项目	会计处理
几个特殊问题	(1) 企业向特定对象以低于当前市价的价格发行股票，往往是出于某种战略考虑或其他动机，或者特定对象除认购股份以外还需以其他形式予以补偿，因此，向特定对象发行股票的行为可以视为不存在送股因素，视同发行新股处理。 (2) 企业存在发行在外的除普通股以外的金融工具的，在计算基本每股收益时，基本每股收益中的分子，即归属于普通股股东的净利润不应包含其他权益工具的股利或利息： ①对于发行的不可累积优先股等其他权益工具应扣除当期宣告发放的股利； ②对于发行的累积优先股等其他权益工具，无论当期是否宣告发放股利，均应予以扣除。 基本每股收益计算中的分母，为发行在外普通股的加权平均股数。 (3) 对于同普通股股东一起参加剩余利润分配的其他权益工具，在计算普通股每股收益时，归属于普通股股东的净利润不应包含根据可参加机制计算的应归属于其他权益工具持有者的净利润

续表

项目	会计处理
以前年度损益的追溯调整或追溯重述	按照《企业会计准则第28号——会计政策、会计估计变更和差错更正》的规定对以前年度损益进行追溯调整或追溯重述的，应当重新计算各列报期间的每股收益

学习心得

第二十九章　公允价值计量

本章要点提示

考情解读

根据历年考情分析，本章只考客观题，一般2分左右，其中公允价值层次是本章的高频考点。

备考指南

本章介绍了公允价值计量准则的内容，在学习过程中注意对基本概念的理解和掌握。根据以往经验，每年考前都有学员问这章是否可以战略放弃，其实本章内容不多、难度不大，只不过都是概念性问题，学习起来比较枯燥，因此，不建议考生放弃本章内容，围绕高频考点，在听懂课的基础上做适量的题目，是可以把本章的分值收入囊中的。

教材变化

本章内容无实质变化。

要点 1 相关资产或负债

项目	内容
相关资产或负债的特征	（1）资产状况和所在位置。 （2）对资产出售或使用的限制（针对谁）。 ①如果该限制是针对相关资产本身。 此类限制是该资产具有的一项特征，任何持有该资产的企业都会受到影响，市场参与者在计量日对该资产进行定价时会考虑这一特征。 ②如果该限制是针对资产持有者。 此类限制不是该资产的特征，只会影响当前持有该资产的企业，而其他企业可能不会受到该限制的影响，市场参与者在计量日对该资产进行定价时不会考虑该限制因素
计量单元	是指相关资产或负债以单独或者组合方式进行计量的最小单位。企业是以单项还是以组合的方式对相关资产或负债进行公允价值计量，取决于该资产或负债的计量单元

要点② 有序交易

项目	内容
含义	在计量日前一段时期内该资产或负债具有惯常市场活动的交易，不包括被迫清算和抛售
不属于有序交易的情形	（1）在当前市场情况下，市场在计量日之前一段时间内不存在相关资产或负债的惯常市场交易活动。 （2）在计量日之前，相关资产或负债存在惯常的市场交易，但资产出售方或负债转移方仅与单一的市场参与者进行交易。 （3）资产出售方或负债转移方处于或者接近于破产或托管状态，即资产出售方或负债转移方已陷入财务困境。 （4）资产出售方为满足法律或者监管规定而被要求出售资产，即被迫出售。 （5）与相同或类似资产或负债近期发生的其他交易相比，出售资产或转移负债的价格是一个异常值

续表

项目	内容
有序交易价格的应用	(1) 企业判定相关资产或负债的交易是有序交易的，在以公允价值计量该资产或负债时，应当考虑该交易的价格，即以交易价格为基础确定该资产或负债的公允价值。 (2) 企业判定相关资产或负债的交易不是有序交易的，在以公允价值计量该资产或负债时，不应考虑该交易的价格，或者赋予该交易价格较低权重。 (3) 企业根据现有信息不足以判定该交易是否为有序交易的，应当考虑该交易的价格。相对于其他已知的有序交易价格，企业应赋予该交易较低权重

学习心得

要点③ 主要市场或最有利市场

项目	内容
含义	主要市场，是指相关资产或负债交易量最大和交易活跃程度最高的市场。最有利市场，是指在考虑交易费用和运输费用后，能够以最高金额出售相关资产或者以最低金额转移相关负债的市场
主要市场或最有利市场的确定	企业在确定最有利市场时，应当考虑交易费用、运输费用等。企业在根据主要市场或最有利市场的交易价格确定公允价值时，不应根据交易费用对该价格进行调整，但是应该根据运输费用对价格进行调整，因为相关资产所在的地理位置是该资产的特征
主要市场或最有利市场的应用	企业应当以主要市场上相关资产或负债的价格为基础，计量该资产或负债的公允价值。不存在主要市场或者无法确定主要市场的，应当以最有利市场的价格为基础，计量其公允价值

要点 4 市场参与者

项目	内容
含义	在相关资产或负债的主要市场（或者在不存在主要市场情况下的最有利市场）中，相互独立、熟悉资产或负债情况、能够且愿意进行资产或负债交易的买方和卖方
特征	（1）市场参与者应当相互独立，不存在关联方关系； （2）市场参与者应当熟悉情况，根据可获得的信息，对相关资产或负债以及交易具备合理认知； （3）市场参与者应当有能力并自愿进行相关资产或负债的交易，而非被迫或以其他强制方式进行交易
考虑因素	（1）所计量的相关资产或负债； （2）该资产或负债的主要市场（或者在不存在主要市场情况下的最有利市场）； （3）企业将在主要市场或最有利市场进行交易的市场参与者。 企业以公允价值计量相关资产或负债，应当基于市场参与者之间的交易确定该资产或负债的公允价值，不应考虑企业自身持有资产、清偿或者以其他方式履行负债的意图和能力

要点⑤ 公允价值的初始计量

项目	内容
一般原则	依据交易价格计量。交易价格是取得该资产所支付或者承担该负债所收到的价格，即进入价格；而相关资产或负债的公允价值是脱手价格
不将交易价格作为公允价值的情形	（1）关联方之间的交易； （2）被迫进行的交易，或者资产出售方（或负债转移方）在交易中被迫接受价格的交易； （3）交易价格所代表的计量单元不同于以公允价值计量的相关资产或负债的计量单元； （4）进行交易的市场不是该资产或负债的主要市场（或者在不存在主要市场情况下的最有利市场）
交易价格与公允价值的差额	应当按照会计准则的要求进行处理，如果会计准则对此未作出明确规定，企业应当将该差额计入当期损益

要点⑥ 估值技术

项目	内容
估值技术的方法	(1) 市场法：利用相同或类似的资产、负债或资产和负债组合的价格以及其他相关市场交易信息进行估值的技术。应当根据资产或负债的特征（当前状况、地理位置、出售和使用的限制等）对市场价格进行调整，以确定其公允价值
	(2) 收益法：将未来金额转换成单一现值的估值技术。包括现金流量折现法（传统法和期望现值流量法）和期权定价模型等估值方法。使用现金流量折现法时，要确保现金流量与折现率的口径一致
	(3) 成本法：反映当前要求重置相关资产服务能力所需金额的估值技术，通常是指现行重置成本
估值技术的选择	(1) 根据企业可获得的市场数据和其他信息，其中一种估值技术是否比其他估值技术更恰当；

续表

项目	内容
估值技术的选择	(2) 其中一种估值技术所使用的输入值是否更容易在市场上观察到或者只需作更少的调整； (3) 其中一种估值技术得到的估值结果区间是否在其他估值技术的估值结果区间内； (4) 按市场法和收益法结果存在较大差异的，进一步分析存在较大差异的原因，例如，其中一种估值技术可能使用不当，或者其中一种估值技术所使用的输入值可能不恰当等。估值技术一经确定，不得随意变更。企业变更估值技术及其应用方法的，应当按照会计估计变更处理，并进行披露

学习心得

要点 7 输入值

项目	内容
输入值使用的顺序	优先使用可观察输入值，仅当相关可观察输入值无法取得或取得不切实可行时才使用不可观察输入值
公允价值计量中相关的溢价和折价	如果是与资产负债特征相关的溢价或折价，如控制权溢价、少数股东权益折价、流动性折价等，需要对相同或类似资产或负债的市场交易价格进行调整
以出价和要价为基础的输入值	企业可使用出价（低）计量资产头寸，使用要价（高）计量负债头寸（谨慎性要求）

要点⑧ 公允价值层次

项目	内容
层次划分	第一层次输入值：企业在计量日能够取得的相同资产或负债在活跃市场上未经调整的报价
	第二层次输入值（除第一层次输入值外相关资产或负债直接或间接可观察的输入值）： （1）活跃市场中类似资产或负债的报价； （2）非活跃市场中相同或类似资产或负债的报价； （3）除报价以外的其他可观察输入值，包括在正常报价间隔期间可观察的利率和收益率曲线等； （4）市场验证的输入值等。 企业应当根据相关资产或负债的特征，对第二层次输入值进行调整

续表

项目	内容
层次划分	第三层次输入值：相关资产或负债的不可观察输入值，包括不能直接观察和无法由可观察市场数据验证的利率、股票波动率、企业合并中承担的弃置义务的未来现金流量、企业使用自身数据作出的财务预测等。 企业使用重要的不可观察输入值对第二层次输入值进行调整，且该调整对公允价值计量整体而言是重大的，那么公允价值计量结果应当划分为第三层次
公允价值计量结果所属的层次	公允价值计量结果所属的层次，由对公允价值计量整体而言重要的输入值所属的最低层次决定。公允价值计量结果所属的层次，取决于估值技术的输入值，而不是估值技术本身

要点 9 确定负债或企业自身权益工具公允价值的方法

项目	内容
1. 具有可观察市场报价的相同或类似负债或企业自身权益工具	以该报价为基础确定其公允价值
2. 不存在相同或类似报价、但被其他方作为资产持有的负债或企业自身权益工具	(1) 如果对应资产存在活跃市场的报价，并且企业能够获得该报价，企业应当以对应资产的报价为基础确定该负债或企业自身权益工具的公允价值。 (2) 如果对应资产不存在活跃市场的报价，或者企业无法获得该报价，企业可使用其他可观察的输入值，例如，对应资产在非活跃市场中的报价。 (3) 如果上述 (1) 和 (2) 中的可观察价格都不存在，企业应使用估值技术
3. 不存在相同或类似报价、并且其他方未将其作为资产持有的负债或企业自身权益工具	应当从承担负债或发行权益工具的市场参与者角度，采用估值技术确定其公允价值

第三十章　政府及民间非营利组织会计

本章要点提示

考情解读

根据历年考情分析，本章除了2018年（当年首次将本章内容纳入教材和考试大纲）考过主观题以外，其他年份只考客观题，一般2分左右，其中政府单位特定业务的会计核算是本章的高频考点。

备考指南

本章介绍了《政府会计准则——基本准则》的相关内容，政府单位特定业务的会计核算以及民间非营利组织会计核算问题，其科目的设置以及核算的原则与企业会计核算有比较大的差异，学习时重点关注政府及民间非营利组织会计核算的特点、常见业务的会计处理。

教材变化

本章新增了政府会计主体对于投资业务的核算，删除了PPP项目合同的会计处理。

要点 1 政府会计概述

项目	内容
政府会计要素	政府预算会计要素：预算收入、预算支出、预算结余
	政府财务会计要素：资产、负债、净资产、收入、费用
政府财务报告和决算报告	政府财务报告：包括财务报表和其他应当在财务报告中披露的相关信息和资料。财务报表包括会计报表和附注。会计报表至少应当包括资产负债表、收入费用表和现金流量表。政府财务报告主要分为政府部门财务报告和政府综合财务报告
	政府决算报告：综合反映政府会计主体年度预算收支执行结果的文件。包括决算报表和其他应当在决算报告中反映的相关信息和资料
会计基础	政府预算会计的核算采用收付实现制，财务会计的核算采用权责发生制

续表

项目	内容
核算原则	(1) 单位对于纳入部门预算管理的现金收支业务，在采用财务会计核算的同时应当进行预算会计核算；对于其他业务，仅需进行财务会计核算。 (2) 预算收入和预算支出包含了销项税额和进项税额，实际缴纳增值税时计入预算支出。 (3) 对于单位受托代理的现金以及应上缴财政的现金所涉及的收支业务，仅需要进行财务会计处理，不需要进行预算会计处理

学习心得

要点 2 财政拨款收支的账务处理

（一）财政直接支付业务

业务事项	预算会计	财务会计
（1）收到“财政直接支付入账通知书”时	借：行政支出、事业支出等 贷：财政拨款预算收入	借：库存物品、固定资产、应付职工薪酬、业务活动费用、单位管理费用等 贷：财政拨款收入
（2）年末，根据本年度财政直接支付预算指标数与当年财政直接支付实际支出数的差额	借：资金结存——财政应返还额度 贷：财政拨款预算收入	借：财政应返还额度 贷：财政拨款收入
（3）下年度恢复财政直接支付额度后，单位以财政直接支付方式发生实际支出时	借：行政支出、事业支出等 贷：资金结存——财政应返还额度	借：库存物品、固定资产、应付职工薪酬、业务活动费用、单位管理费用等 贷：财政应返还额度

（二）财政授权支付业务

业务事项	预算会计	财务会计
(1) 收到代理银行盖章的“授权支付到账通知书”时	借：资金结存——零余额账户用款额度 贷：财政拨款预算收入	借：零余额账户用款额度 贷：财政拨款收入
(2) 按规定支用额度时，按照实际支用的额度	借：行政支出、事业支出等 贷：资金结存——零余额账户用款额度	借：库存物品、固定资产、应付职工薪酬、业务活动费用、单位管理费用等 贷：零余额账户用款额度
(3) 年末，依据代理银行提供的对账单作注销额度的相关账务处理	借：资金结存——财政应返还额度 贷：资金结存——零余额账户用款额度	借：财政应返还额度 贷：零余额账户用款额度

续表

业务事项	预算会计	财务会计
(4) 下年年初恢复额度时	借：资金结存——零余额账户用款额度 贷：资金结存——财政应返还额度	借：零余额账户用款额度 贷：财政应返还额度——财政授权支付
(5) 年末，政府单位本年度财政授权支付预算指标数大于零余额账户用款额度下达数的	借：资金结存——财政应返还额度 贷：财政拨款预算收入	借：财政应返还额度 贷：财政拨款收入
(6) 下年度收到财政部门批复的上年末未下达零余额账户用款额度时	借：资金结存——零余额账户用款额度 贷：资金结存——财政应返还额度	借：零余额账户用款额度 贷：财政应返还额度

要点③ 非财政拨款收支中的事业（预算）收入

业务事项		预算会计	财务会计
采用财政专户返还方式	实际收到或应收应上缴财政专户的事业收入时	借：银行存款/应收账款等 贷：应缴财政款	—
	向财政专户上缴款项时	借：应缴财政款 贷：银行存款等	—
	收到从财政专户返还的事业收入时	借：银行存款等 贷：事业收入	借：资金结存——货币资金 贷：事业预算收入
采用预收款方式	实际收到款项时	借：银行存款等 贷：预收账款	借：资金结存——货币资金 贷：事业预算收入
	按合同完成进度确认收入时	借：预收账款 贷：事业收入	—

续表

业务事项		预算会计	财务会计
采用应收款方式	根据合同完成进度计算本期应收的款项	借：应收账款 贷：事业收入	—
	实际收到款项时	借：银行存款等 贷：应收账款	借：资金结存——货币资金 贷：事业预算收入
其他方式下		借：银行存款/库存现金等 贷：事业收入	借：资金结存——货币资金 贷：事业预算收入

学习心得

要点 4 非财政拨款收支中的捐赠（预算）收入和支出

业务事项		财务会计	预算会计
接受捐赠的货币资金	按照实际收到的金额	借：银行存款/库存现金 贷：捐赠收入	借：资金结存——货币资金 贷：其他预算收入——捐赠预算收入
接受捐赠的存货、固定资产等	按照确定的成本	借：库存物品/固定资产等 贷：银行存款等［相关税费支出］ 捐赠收入	借：其他支出［支付的相关税费等］ 贷：资金结存——货币资金
	如按照名义金额入账	借：库存物品/固定资产等 贷：捐赠收入 借：其他费用 贷：银行存款等［相关税费支出］	借：其他支出［支付的相关税费等］ 贷：资金结存——货币资金

要点⑤ 非财政拨款收支中的债务预算收入和债务还本支出

业务事项	财务会计	预算会计
取得借款	借：银行存款 贷：短期借款、长期借款——本金	借：资金结存——货币资金 贷：债务预算收入
计提利息	借：在建工程等（资本化的专门借款利息） 其他费用（费用化利息） 贷：应付利息（短期借款、分期付息） 长期借款——应计利息（到期一次还本付息）	—
支付利息	借：应付利息 贷：银行存款	借：其他支出 贷：资金结存——货币资金
偿还借款	借：短期借款、长期借款——本金 长期借款——应计利息 贷：银行存款	借：债务还本支出（支付的本金金额） 其他支出（支付的利息金额） 贷：资金结存——货币资金

要点 6 非财政拨款收支中的投资支出

业务事项		财务会计	预算会计
以货币资金对外投资		借：短期投资、长期股权投资、长期债券投资等 贷：银行存款等	借：投资支出 贷：资金结存——货币资金
利息或股利	收到价款中包含	借：银行存款 贷：短期投资、应收股利、应收利息等	借：资金结存——货币资金 贷：投资支出
	持有股权投资期间	借：银行存款 贷：应收股利、应收利息	借：资金结存——货币资金 贷：投资预算收益
出售、对外转让或到期收回		借：银行存款 贷：短期投资、长期股权投资、长期债券投资（对外投资的账面余额）	借：资金结存——货币资金 贷：投资支出（当年）或其他结余（以前年度）（取得投资时“投资支出”科目的发生额）

续表

业务事项	财务会计	预算会计
出售、对外转让或到期收回	应收股利或应收利息（尚未领取的现金股利、利润或尚未收取的利息） 银行存款（发生的相关税费等支出） 投资收益（差额，也可能在借方）	投资预算收益（差额，也可能在借方）

学习心得

要点 7 预算结转结余及分配业务

业务	会计处理
财政拨款结转结余	（1）年末结转： 借：财政拨款收入 　　贷：财政拨款结转 借：财政拨款结转 　　贷：事业支出等 （2）将符合结余性质的项目余额转入财政拨款结余： 借：财政拨款结转 　　贷：财政拨款结余
非财政拨款结转	（1）结转非同级财政拨款专项资金收入和支出： 借：事业预算收入、上级补助预算收入、附属单位上缴预算收入等（专项资金收入） 　　贷：非财政拨款结转 借：非财政拨款结转 　　贷：行政支出、事业支出、其他支出等（专项资金支出）

续表

业务	会计处理
非财政拨款结转	（2）结转留归本单位使用的已完成项目的剩余资金： 借：非财政拨款结转 　　贷：非财政拨款结余
非财政拨款结余	（1）事业单位结转非财政拨款结余分配的科目余额： 借：非财政拨款结余 　　贷：非财政拨款结余分配 或编制相反分录。 （2）行政单位结转其他结余科目余额（行政单位没有结余分配）： 借：非财政拨款结余 　　贷：其他结余 或编制相反分录
经营结余、其他结余及非财政拨款结余分配	（1）经营结余： 借：经营预算收入 　　贷：经营结余 借：经营结余 　　贷：经营支出

续表

业务	会计处理
经营结余、其他结余及非财政拨款结余分配	借：经营结余 　　贷：非财政拨款结余分配 经营结余若为借方余额，则不予结转。 （2）其他结余： 借：事业预算收入、上级补助预算收入、附属单位上缴预算收入等（非专项资金收入） 　　贷：其他结余 借：其他结余 　　贷：行政支出、事业支出、其他支出等（非专项资金支出） 借：其他结余 　　贷：非财政拨款结余（行政单位） 　　　　非财政拨款结余分配（事业单位） （3）非财政拨款结余分配： 期末，首先将经营结余的贷方余额和其他结余的余额转入非财政拨款结余分配。然后，按规定提取专用基金的：

续表

业务	会计处理
经营结余、其他结余及非财政拨款结余分配	预算会计： 借：非财政拨款结余分配 　　贷：专用结余 财务会计： 借：本年盈余分配 　　贷：专用基金 最后，非财政拨款结余分配的科目余额要转入非财政拨款结余

学习心得

要点⑧ 净资产业务

业务	会计处理
本期盈余、本年盈余分配和累计盈余	(1) 政府单位应在期末将各类收入、费用科目的本期发生额转入本期盈余: 借:财政拨款收入、事业收入、上级补助收入、附属单位上缴收入、经营收入等 　贷:本期盈余 借:本期盈余 　贷:业务活动费用、单位管理费用、经营费用、所得税费用、资产处置费用、上缴上级费用、对附属单位补助费用等 (2) 政府单位应在年末将“本期盈余”科目余额转入“本年盈余分配”科目: 借:本期盈余 　贷:本年盈余分配 或编制相反分录。 (3) 如需根据有关规定从本年度非财政拨款结余或经营结余中提取专用基金,则按照预算会计下计算的提取金额编制如下分录:

续表

业务	会计处理
本期盈余、本年盈余分配和累计盈余	借：本年盈余分配 　　贷：专用基金 （4）将“本年盈余分配”“无偿调拨净资产”的科目余额转入累计盈余： 借：本年盈余分配【或贷记】 　　无偿调拨净资产【或贷记】 　　贷：累计盈余【或借记】
专用基金	（1）专用基金的取得。 ①从预算收入中提取： 借：业务活动费用等 　　贷：专用基金 ②根据规定设置的其他专用基金，比如留本基金： 借：银行存款等 　　贷：专用基金

续表

业务	会计处理
专用基金	③从非财政拨款结余或经营结余中提取： 借：本年盈余分配 　　贷：专用基金 借：非财政拨款结余分配 　　贷：专用基金 （2）专用基金的使用： 借：专用基金 　　贷：银行存款 借：专用结余、事业支出 　　贷：资金结存——货币资金 使用专用基金购置非现金资产的： 借：固定资产、无形资产等 　　贷：银行存款 借：专用基金 　　贷：累计盈余

续表

<table>
<tr><th>业务</th><th>会计处理</th></tr>
<tr><td>权益法调整</td><td>事业单位持有的长期股权投资采用权益法核算的，持有期间被投资单位发生其他权益变动时：
借：长期股权投资——其他权益变动
　　贷：权益法调整
或编制相反分录。
事业单位处置上述长期股权投资时：
借：权益法调整【或贷记】
　　贷：投资收益【或借记】</td></tr>
<tr><td>以前年度盈余调整</td><td>借：累计盈余
　　贷：以前年度盈余调整
或相反</td></tr>
<tr><td>累计盈余</td><td>借：本年盈余分配
　　贷：累计盈余
或相反。
借：无偿调拨净资产
　　贷：累计盈余
或相反</td></tr>
</table>

要点⑨ 净资产业务中的无偿调拨净资产

情形	调入	调出	年末
预算会计	借：其他支出 贷：资金结存	借：其他支出 贷：资金结存	借：无偿调拨净资产 贷：累计盈余 或相反
财务会计	借：库存物品/长期股权投资/固定资产/无形资产/公共基础设施/政府储备物资/文物文化资产/保障性住房（调出方账面价值＋费用） 贷：零余额账户用款额度/银行存款等 无偿调拨净资产（差额）	借：无偿调拨净资产/固定资产累计折旧等 贷：库存物品/固定资产/无形资产等 借：资产处置费用 贷：零余额账户用款额度/银行存款等	

要点⑩ 资产业务

资产取得方式	成本
外购	购买价款、相关税费以及其他费用
自行加工或自行建造	验收入库或交付使用前的全部必要支出
接受捐赠	①有关凭据注明的金额加上相关税费等确定；②没有相关凭据可供取得，按照评估价值加上相关税费等确定；③没有相关凭据可供取得、也未经资产评估的，比照同类或类似资产的市场价格加上相关税费等确定；④没有相关凭据且未经资产评估、同类或类似资产的市场价格也无法可靠取得的，按照名义金额（人民币1元）入账
无偿调入	调出方账面价值加上相关税费等确定。但是，无偿调入资产在调出方的账面价值为零（即已经按制度规定提足折旧）或者账面余额为名义金额的，单位（调入方）应当将调入过程中其承担的相关税费计入当期费用，不计入调入资产的初始入账成本
置换取得	换出资产的评估价值，加上支付的补价或减去收到的补价，加上为换入资产发生的其他相关支出

要点11 负债业务

业务	会计处理
应缴财政款	收到或应收应缴财政的款项时： 借：银行存款、应收账款 　　贷：应缴财政款 实际上缴时： 借：应缴财政款 　　贷：银行存款
应付职工薪酬	（1）计提工资、津贴补贴： 借：业务活动费用、单位管理费用等 　　贷：应付职工薪酬 （2）支付工资、津贴补贴： 借：应付职工薪酬 　　贷：财政拨款收入、零余额账户用款额度、银行存款等

续表

业务	会计处理
应付职工薪酬	借：行政支出、事业支出、经营支出等 　　贷：财政拨款预算收入、资金结存 (3) 单位从职工薪酬中代扣职工个人所得税、社会保险费和住房公积金、为职工垫付的水电费等： 借：应付职工薪酬——基本工资 　　贷：其他应交税费——应交个人所得税 　　　　应付职工薪酬——社会保险费、住房公积金 　　　　其他应付款

学习心得

要点⑫　部门（单位）合并财务报表

合并范围	内容
纳入合并范围的主体	（1）部门（单位）所属的未纳入部门预决算管理的事业单位。 （2）部门（单位）所属的纳入企业财务管理体系执行企业类会计准则制度的事业单位。 （3）财政部规定的应当纳入部门（单位）合并财务报表范围的其他会计主体
不纳入部门（单位）合并财务报表范围的主体	（1）部门（单位）所属的企业，以及所属企业下属的事业单位。 （2）与行政机关脱钩的行业协会商会。 （3）部门（单位）财务部门按规定单独建账核算的会计主体，如工会经费、党费、团费和土地储备资金、住房公积金等资金（基金）会计主体。 （4）挂靠部门（单位）的没有财政预算拨款关系的社会组织以及非法人性质的学术团体、研究会等

学习心得

要点⑬ 民间非营利组织会计

（一）民间非营利组织的会计要素

类别	会计要素	会计等式
反映财务状况	资产、负债和净资产	资产－负债＝净资产
反映业务活动情况	收入（按照是否存在时间和用途限制，分为限定性收入和非限定性收入）和费用	收入－费用＝净资产变动额

（二）捐赠收入的核算

情形	会计处理
（1）接受捐赠时	借：银行存款等 　贷：捐赠收入——限定性收入（有限定用途） 　　　　　　——非限定性收入（无限定用途）

续表

情形	会计处理
(2) 如果限定性捐赠收入的限制在确认收入的当期得以解除	借：捐赠收入——限定性收入 　　贷：捐赠收入——非限定性收入
(3) 期末	借：捐赠收入——限定性收入 　　贷：限定性净资产 借：捐赠收入——非限定性收入 　　贷：非限定性净资产
注意问题	民间非营利组织对于捐赠承诺，不应予以确认，但可以在会计报表附注中作相关披露。民间非营利组织对于其接受的劳务捐赠，不予确认，但应当在会计报表附注中作相关披露

（三）会费收入

情形	会计处理
（1）收到时	①当期会费。 借：银行存款等 　　贷：会费收入——非限定性收入（无限定用途） 　　　　　　　　——限定性收入（有限定用途） ②本年收到以后年度会费。 借：银行存款等 　　贷：预收账款
（2）期末	借：会费收入——限定性收入 　　贷：限定性净资产 借：会费收入——非限定性收入 　　贷：非限定性净资产

（四）业务活动成本

情形	会计处理
（1）发生的业务活动成本	借：业务活动成本 　　贷：银行存款等
（2）会计期末	借：非限定性净资产 　　贷：业务活动成本

学习心得